ISABELLE SAPORTA

NE MÂCHONS PAS NOS MAUX

Consommons autrement pour vivre mieux

ROBERT LAFFONT

DU MÊME AUTEUR

Un si joli petit monde, La Table ronde, 2006

ISBN 978-2-221-10986-1

À mon père. À ma mère, à ce couple magnifique. Une Bretonne taiseuse mâtinée ch'ti et bourguignonne acquise à la cuisine française, et un juif de Salonique, solaire, amateur de filas et de tarama. Grâce à eux, ma vie n'a été que métissage culturel et apprentissage de la tolérance. Une multiplicité d'origines et d'horizons qui, loin de nous asseoir dans un confort petit-bourgeois nous aura armés, mon frère et moi, pour affronter un monde fait de différences infimes et de grandes divisions. Sans eux, sans leur exemple, nous serions devenus des êtres bien fades.

Remerciements

Une carrière, ou tout au moins une trajectoire professionnelle, n'est faite que de mains tendues et de camouflets. Hélas, les seconds sont toujours bien plus fréquents que les premières. Aussi, je ne manque jamais une occasion de rendre hommage à ceux qui m'ont fait confiance et m'ont donné ma chance. Le premier d'entre eux est Laurent Neumann, directeur de la rédaction de *Marianne*. Sans lui, sans ses conseils et sa bienveillance, je n'aurais jamais pu faire mon métier. Il a su me guider, m'apprendre à aimer cette discipline méprisée qu'est la consommation en me donnant à voir son intérêt sociologique. La seconde main tendue l'a été par Jean-Pierre Coffe. Je me souviendrai toujours de ce coup de téléphone tardif me proposant de travailler pour lui à France Inter. Cette voix inimitable au bout du fil, et ma joie immense de participer à cette grande aventure qu'était « Ça se bouffe pas, ça se mange ». Ce stakhanoviste perfectionniste m'aura fait découvrir un monde que je ne connaissais pas.

Je leur dois tout… Ou presque ! Et je voulais qu'ils le sachent.

Introduction

J'ai 32 ans. J'appartiens à la génération surgelé-boulot-dodo. Celle qui ne trouve plus le temps de faire la cuisine, sauf le week-end.

Celle qui se cherche toutes les raisons du monde – et surtout les plus improbables –, d'ingurgiter de la *junk food* (littéralement la nourriture poubelle riche en sucre et en graisse) le reste de la semaine. Celle qui, enfin, s'étonne, dépitée et navrée, de s'empâter d'année en année. Les bonbons industriels au goût bien chimique devraient jouer pour mes papilles le rôle d'une madeleine proustienne abâtardie. Et je devrais de loin préférer le goût merveilleux des additifs à celui de l'authentique.

Mais ce n'est pas le cas. Je résiste vaille que vaille à la marée industrielle. Et je boycotte, tant que faire se peut, les supermarchés pour acheter des produits de qualité dans les commerces de proximité. Je déteste les produits manufacturés, je voue aux gémonies la junk food et je préfère de loin les légumes frais au surgelé. Suis-je un omni (objet mangeant non identifié) ? Oui. En quelque sorte.

J'ai eu l'incroyable chance d'être une enfant de vieux. Mes parents et surtout ma mère merveilleuse nourricière n'appartenaient pas à la génération 68. La fameuse, celle qui a brûlé ses gamelles sur le même bûcher que ses soutiens-gorge. Ma mère adorait faire son marché. Elle traînait sa fille devant les étals des artisans pour lui montrer comment choisir ses aliments. Flanquée de son marmot, elle allait chez le boucher, parfois même chez le volailler – quand ces derniers des mohicans existaient encore –, chez les primeurs, le poissonnier, le fromager. Tous ces passeurs de savoir culinaire aujourd'hui en voie d'extinction.

Bien entendu, à cette chance générationnelle s'en ajoute une autre, financière. Vous l'aurez compris, je suis une bourgeoise, fille de bourgeois eux-mêmes. C'est là l'un des problèmes majeurs de la société française. De nos jours, si vous n'êtes ni aisé, ni fils de vieux, on pourrait croire que vous n'avez aucune chance de vous nourrir correctement. Pourquoi ? Parce que dans notre « cher » Hexagone, dans la patrie du bien-manger, on a abandonné l'éducation gustative aux seules mains des industriels. Finies les leçons de choses jugées trop passéistes par l'intelligentsia. Terminés les cours de cuisine dispensés à l'école ou à la maison par une mère attentionnée. Bonjour les allégations – affirmations mentionnées sur les paquets des aliments – nutritionnelles fallacieuses et autres spots télévisés mensongers. Conclusion, les nantis s'en sortent puisque eux seuls parviennent encore à bricoler une culture gourmande bâtie à partir des vestiges de leurs connaissances passées. Les pauvres, eux, sont délibérément abandonnés à une inculture nourricière fatale à leur santé.

L'État a tardivement pris conscience des conséquences désastreuses de l'expansion du goût « industriel ». Les enfants et la plupart des adultes ne connaissent plus les véritables saveurs. Elles ont été abandonnées comme l'apprentissage inconscient du goût qui se faisait quand nous mangions une grande variété de produits non trafiqués. Confronté à la violence de la pandémie d'obésité, l'État essaie avec la rage du désespoir de faire marche arrière. Mais ce n'est pas chose aisée. Si les recommandations du Programme national nutrition santé (PNNS) sont salvatrices, elles ne touchent que la fraction la plus fortunée de la population. Les bourgeois parlent aux bourgeois et se rient de savoir si bien manger pendant que la population défavorisée n'a d'autre choix que de se gaver de nourriture trop grasse et trop sucrée.

La fracture alimentaire n'aura jamais été aussi prégnante dans notre pays. « Sans doute parce que la nourriture de qualité est chère et que les plus précaires ne peuvent y prétendre sans grever leur budget. » Cette sentence mille fois répétée n'est que partiellement vraie. Savez-vous seulement que des carottes râpées par l'industrie coûtent six fois plus cher que celles préparées de vos blanches mains ? Qu'un plat élaboré à base de filets mignons surgelés, trop souvent salés et gras, est trois fois plus coûteux que celui que vous auriez préparé vous-même avec des produits de meilleure qualité ? Que les alicaments – mélange subtil de médicaments et d'aliments – et les allégés coûtent 30 % de plus que les produits courants alors que leur efficacité reste à prouver ?

Pourtant, la progression des plats cuisinés suit une courbe ascendante depuis une dizaine d'années. Les légumes émincés, aussi. Les alicaments frôlent les sommets. Les produits enrichis en vitamines et en oméga 3 explosent. Les allégés, également. Or tous ces produits ont pour point commun de coûter une fortune. Les premiers répondent à notre prétendu manque chronique de temps. Quand les seconds rassurent notre mauvaise conscience de mauvais mangeur. Mais les uns comme les autres sont strictement inutiles.

Aussi, est-il plus que temps de revenir aux bases élémentaires de l'alimentation et de cesser de sacrifier notre éducation gustative sur l'autel de la facilité. Les industriels ne travaillent pas bénévolement et leurs conseils nutritionnels coûtent cher à la société. Il faut que cette dernière se ressaisisse des problèmes posés par le goût et le bon sens afin que l'on en finisse avec ces générations perdues qui ne savent plus se nourrir correctement et qui croient aveuglément les indications plus ou moins trompeuses, fournies par les groupes agroalimentaires.

L'état des lieux est effrayant, mais des solutions existent. Pour cela, il faut aller au fond des choses, comprendre qu'il faut apprendre et prendre le temps de décrypter ce que nous mangeons.

Une chose est certaine, les choix que nous faisons sont éminemment politiques et ont des répercussions sociales importantes. Opter pour les supermarchés, c'est sacrifier les commerces de proximité et, ce faisant, laisser les clés des centres-villes aux enseignes franchisées. Il est urgent de prendre conscience que notre façon de nous nourrir, d'acheter nos aliments a des répercussions dramatiques sur l'évolution de l'urbanisme. Les centres-villes perdent leur âme parce que nous faisons nos courses dans les grandes surfaces sises en périphérie. Et que nous préférons prendre notre pain dans des boulangeries industrialisées plutôt que dans des échoppes de quartier. Même les plats tout faits sont désormais achetés dans des chaînes de restauration rapide plutôt que chez le charcutier.

C'est ainsi que l'on achève ces passeurs gastronomiques : les artisans. Or, les mettre à mort, c'est se couper toujours plus des connaissances gustatives. C'est oublier les gestes simples et méconnaître le panel des aliments qui s'offre à nous. Les artisans ont l'amour et la connaissance des produits. Un bon boucher saura vous dire comment cuisiner, pour quelques euros seulement, de succulents bas morceaux tels que plat de côte, collier, poitrine, gîte ou flanchet servant à la préparation des pot-au-feu, bourguignons, daubes et autres plats mijotés. Le primeur vous orientera vers les produits de saison, bien moins chers que les autres. Encore faut-il laisser à ces artisans une chance de survivre. Bien entendu, il existe çà et là de bons bouchers, de vrais poissonniers et des fromagers valables dans les supermarchés. Des gens dévoués aimant leur métier mais qui ont préféré aux aléas du commerce la sécurité de l'emploi et la régularité des horaires offertes par la grande surface. Cependant, ne nous leurrons pas, ces professionnels ne sont pas la norme et, le plus souvent, les grandes surfaces n'offrent pas le même service que les artisans de proximité.

Alors, cessons de jeter l'opprobre sur ces boutiques prétendument plus chères que les grandes surfaces. Et décortiquons les étiquettes pour enfin comprendre qu'acheter ses produits chez de véritables amoureux de la bouffe est le plus sûr moyen de réaliser des économies et de préserver sa santé.

Les produits frais valent tous les alicaments de la Terre. Gardez à l'esprit que les conseils nutritionnels prodigués par les industriels ne sont pas gratuits. Que la débauche d'emballages utilisés pour vous séduire a un coût non seulement économique mais aussi environnemental. Bref, que l'on peut, finalement, payer moins cher, en mangeant plus sainement des produits de meilleure qualité.

Ayons une vision lucide de l'offre qui nous est faite. Démasquons le faux nez de l'industrie derrière les aliments qui prétendent améliorer notre santé. Et revenons enfin aux choses simples : quelques fruits, un peu de viande, un filet d'huile, un morceau de fromage, du bon pain.

Mais cela n'est possible qu'en retrouvant une connaissance des aliments, des vrais.

1

Malbouffe : un état des lieux effrayant

Le trentenaire, une génération tragique ?

Ludo et Sophie ont la trentaine. À eux deux, ils gagnent deux smic et demi par mois. Ce n'est pas la panacée, mais c'est déjà bien. Ils viennent d'acheter un petit deux pièces de 35 m^2 dans un quartier branché de Paris. Bien sûr, ils ont dû s'endetter sur vingt-cinq ans, mais Sophie est certaine d'avoir fait le bon choix. « Acheter, c'est toujours plus avantageux que de verser tous les mois un loyer à fonds perdu. » En plein milieu de leur salon microscopique trône un gigantesque écran plat qui diffuse à longueur de soirée des programmes payants. Dans un coin de leur chambre, un ordinateur ultracompact est relié à l'indispensable connexion Internet. Ludo et Sophie ont chacun un téléphone portable de dernière génération et inondent leurs proches de SMS. Une fois ces frais colossaux devenus incontournables défalqués de leur budget, il ne reste que quelque menue monnaie pour faire les courses. Mais, au lieu de dépenser intelligemment ce peu d'argent réservé à la nourriture (13 % en moyenne), ces néobobos ne peuvent s'empêcher d'acheter des plats préparés, des légumes émincés et des fromages savamment empaquetés. Non seulement le budget nourriture est réduit à la portion congrue, mais, en outre, cette maigre bourse est dépensée sottement dans des produits sans saveur et sans aucun intérêt pour la santé.

À en croire les portraits types dressés par l'institut TNS Worldpanel, Ludo et Sophie ne sont pas une exception. Ils ne sont que le triste reflet de leur époque. Les études sociologiques sont catégoriques. La jeune garde est composée de junk food « addict » ayant sacrifié leurs papilles sur l'autel du tout chimique. Noyés dans une mer de pâtes à tartiner, gavés de produits sucrés, ces pauvres hères n'auraient même pas l'envie des bonnes choses. 64,7 % des jeunes couples sans enfants se délecteraient de cette « fameuse » pâte à tartiner trop grasse et trop sucrée. De même, ils seraient 11,9 % à consommer sans modération ces abominables petits bonbons à la fraise connus de tous. Las, les souvenirs d'enfance de cette génération perdue semblent irrémédiablement liés aux rayons confiserie des supermarchés. Les « génies » du marketing se félicitent d'ailleurs de voir les enfants de baby-boomers continuer à l'âge adulte d'ingurgiter ces produits infiniment trop riches pour être honnêtes. « C'est l'effet générationnel ! » clament les publicitaires ravis. Et ces derniers de se réjouir de voir fleurir près des tasses de café ces petits bonbons acidulés, censés rappeler leur jeune temps aux trentenaires régressifs. Pis. Non contents de s'user la santé avec des produits trop riches, ces inconscients transmettent ces goûts improbables à leur progéniture sans défense. 70 % des gens ayant des enfants scolarisés dans les classes du primaire achètent pour leurs pauvres marmots cette junk food siglée.

Au pays des fromages, on ne connaît plus le saint-nectaire, on ignore tout du reblochon et du chaource, on peine à entrevoir ce que peut être un pont-l'évêque, mais on connaît tout, absolument tout, des petits fromages savamment portionnés dont le packaging est orné d'une vache souriante comme de ceux enrobés d'une coque rouge. Bref, si l'on ignore l'histoire du terroir, on est capable de réciter son bréviaire du fromage pasteurisé. 28 % des foyers achètent les petits fromages à la coque rouge au moins une fois par an et 35,6 %, ceux ornés d'un ruminant affable. La consommation moyenne de ce fromage siglé d'une génisse joviale s'élève d'ailleurs à 1 kg par personne et par an. 40 % à 50 % d'adultes continuent à dévorer avec délectation ces produits. Et pourquoi ne le feraient-ils pas puisqu'ils ne connaissent de fromage que ceux-là ?

Pourtant, les spécialistes sont unanimes. Ces fromages ne présentent aucun intérêt nutritionnel.

Le docteur Jacques Fricker[1] voit dans l'engouement pour ces produits une contamination de notre société par la mode américaine de l'hypocalorique. Une tendance nutritionnelle à courte vue qui privilégie la perte de poids sur les avantages santé. De fait, peu grasse, la vache rieuse est par contre particulièrement riche en sel et manque cruellement de calcium. Soulignons la saveur de ce paradoxe : les seniors se gavent de ces fromages pasteurisés alors même qu'ils n'ont aucun intérêt dans la lutte contre l'ostéoporose...

Les nutritionnistes regrettent également que l'on ne fasse connaître aux enfants que ces fromages sans saveur. « Ce sont des fromages salés, moelleux, qui flattent le palais des enfants et les détournent de produits plus forts en goût », déplore Jacques Fricker. Ces ersatz de fromages jouent ainsi un rôle primordial dans la pasteurisation des papilles de nos chers marmots. « Désormais les jeunes générations considèrent que le bon goût, c'est celui de la boîte », peste le nutritionniste.

Un industriel blasé narre, avec ironie, le lancement d'une ligne de cassoulets du Sud-Ouest vendus sous vide. À peine mis sur le marché, ces cassoulets pâtirent d'une très mauvaise image auprès des consommateurs. Les gens se détournaient de ce produit qu'ils considéraient trop goû-

1. Endocrinologue, nutritionniste, attaché à l'hôpital Bichat.

teux et trop gras. Le cassoulet en boîte ressemblait trop à l'original mijoté durant de longues heures dans une cocotte en fonte, et insuffisamment à son imitation industrielle. Seconde déconvenue du marchand de plats préparés : les carottes primeurs. Issu d'une région où ces dernières sont cultivées, il se félicitait de réaliser ses salades à partir de carottes locales, de première fraîcheur. Hélas, en mars, la carotte était pâle, et en décembre, foncée. Les consommateurs, fins limiers, ont trouvé cela éminemment suspect. L'industriel en a tiré les conclusions qui s'imposaient : il réalise, désormais, ses salades composées avec des carottes surgelées et importées. Par ailleurs, il s'est attaché, comme il le dit lui-même pudiquement, à faire « évoluer » le goût de son cassoulet vers quelque chose de plus « neutre ». Bref, il a fini par donner à ses clients ce qu'ils attendaient : une nourriture sans âme et standardisée.

Le menu des jeunes célibataires établi grâce aux études menées par l'institut TNS Worldpanel est un modèle du genre. Pour émoustiller leurs papilles, ils se gavent de plats déshydratés, de tartes salées, d'élaborés de volaille, de préparations panées, de plats préparés et de fruits et légumes surgelés, maïs, pain de mie, tout cela joyeusement arrosé d'alcools forts (gin, vodka et tequila). Les jeunes couples se montrent, eux aussi, particulièrement fins gourmets. Ils se délectent de pâtes fraîches, de plats exotiques en conserve ou déshydratés, de snackings[1], de sandwichs et de fromages à consommer chauds. Quant à ceux qui ont des enfants à l'école primaire, ils se tournent vers la pâte à tartiner chocolatée, les céréales, les compotes, les chips, et les raviolis en boîte… C'est pire pour les familles ayant des enfants au collège : ils consomment davantage de sodas et moult pizzas… Seuls les seniors mangent encore correctement. Tels les derniers des Mohicans, ils font la cuisine à base de produits frais, et assaisonnent leurs aliments avec de bons condiments. Le CREDOC (Centre de recherche pour l'étude et l'observation des conditions de vie) a d'ailleurs mis en exergue, dans de nombreuses études, une véritable rupture générationnelle à propos de la nourriture. Il suffit d'ouvrir et de comparer le contenu des réfrigérateurs des seniors et des trentenaires pour se faire une idée. Dans celui des premiers, on trouve encore des légumes frais, de la viande et du poisson achetés chez l'artisan. Alors que la jeune garde n'achète que ce qu'elle peut stocker aisément : des fruits et des légumes en boîtes, des saucisses longue conservation sous cellophane, des fromages pasteurisés. Le légume entier est ainsi devenu persona non grata dans les réfrigérateurs des trentenaires. Ces derniers raffolent de fruits et légumes surgelés pré-épluchés pourtant 20 à 30 %

1. En-cas, repas pris sur le pouce et plus généralement aliments de grignotage comme les viennoiseries, les chips et autres gâteaux apéritifs.

plus chers que des produits bruts. Terminé également le temps où l'on planifiait ses menus. Désormais, on remplit ses placards de produits emballés pour durer. Le but ? Faire ses courses le moins souvent possible. Le repas n'est plus qu'un assemblage sans âme de produits manufacturés issus de placards tristounets.

On est foutu, on mange mal

Cette modification du goût pourrait prêter à sourire si elle n'avait pas de lourdes répercussions sur la santé. De fait, en devenant la référence gustative des consommateurs, ce goût industriel pour des produits trop gras et trop sucrés a une incidence désastreuse sur la progression de l'obésité. Autrefois épargnée, la population française est aujourd'hui frappée de plein fouet. Selon l'Étude nationale nutrition santé (ENNS) réalisée auprès de 3 115 adultes et 1 675 enfants dûment mesurés et pesés sur l'ensemble de l'année 2006, surpoids et obésité concernent 18 % des enfants de 3 à 17 ans alors qu'ils n'étaient que 5 % à être touchés par le surpoids en 1980. 3,5 % des bambins d'aujourd'hui sont considérés comme obèses. Un taux préoccupant lorsque l'on sait que 70 % des enfants en surpoids risquent de le rester à l'âge adulte.

Quant à la population adulte, la moitié est en surpoids (57 % des hommes et 41 % des femmes). 16,1 % des hommes et 17,6 % des femmes sont, eux, obèses. Des chiffres largement supérieurs à ceux fournis par les enquêtes déclaratives ObEpi (obésité-épidémie) réalisées par l'Institut Roche de l'obésité en collaboration avec l'INSERM (Institut national de la santé et de la recherche médicale) et la SOFRES. Il semblerait en effet que, lorsqu'elles sont interrogées par téléphone, les femmes aient une fâcheuse tendance à s'amincir, quand les hommes, eux, se grandissent...

Mais l'obésité n'engendre pas que de petits tracas esthétiques. Cette pandémie est avant tout un problème majeur de santé publique. Dans sa lettre d'intention établie pour les années 2006-2010, le Programme national nutrition santé (PNNS) rappelle que les pathologies associées à une mauvaise nutrition touchent chaque année des millions de personnes en France. Les maladies cardiovasculaires entraînent 170 000 morts par an. Le diabète « gras » frappe plus de 2 millions de Français. Quant à certains cancers, preuve a été faite désormais de l'influence de la nourriture sur leur survenue. Il faut également prendre en compte de terribles maladies comme l'anorexie ou encore des pathologies plus bénignes mais très répandues comme l'ostéoporose. Or ces dépenses pèsent lourd dans les comptes de l'Assurance maladie : plus de 5 milliards d'euros par an dont 800 millions seraient directement liés à une mauvaise nutrition.

J'ai pas le temps, c'est trop cher : les injonctions contradictoires de notre société moderne

Irène a 50 ans. Elle est divorcée et élève seule ses deux enfants de 10 et 13 ans. L'an passé, son entreprise a connu une énième restructuration qui l'a laissée sans travail. Malgré les injonctions gouvernementales sur l'emploi des seniors, Irène peine à retrouver un job. Son budget est très serré. Chaque centime d'euro compte. Pourtant, dès qu'il s'agit de nourriture, Irène semble perdre toute raison. Elle sait qu'elle doit veiller à ne pas trop dépenser, mais refuse de se priver « de ce petit luxe consistant à ne plus avoir à laver et éplucher ses légumes ! ». « Pourquoi seuls les nantis auraient le droit et la possibilité de se payer ça ? » demande-t-elle, agacée. Pourquoi devrait-elle se remettre à cuisiner ?

L'entrée massive des femmes dans le monde du travail a modifié structurellement notre rapport à la cuisine. Il n'est, bien entendu, pas question ici de faire l'éloge d'un autre temps où les femmes étaient attachées à leurs fourneaux et passaient des heures à préparer des plats sophistiqués. Mais est-on obligé pour autant de sombrer d'un excès dans l'autre ? Et de refuser désormais de « gâcher » quelques précieuses minutes de son temps à préparer un filet de merlan poêlé avec du citron ?

C'est tout le paradoxe du consommateur français. Il peste, à raison, contre les prix élevés des aliments. Mais continue, dans le même temps, à acheter des produits manufacturés bien plus chers que les produits de base. D'après les chiffres de l'ADEPALE (Association des entreprises de produits alimentaires élaborés), les plats dits traiteurs ont connu une progression de 8 % en tonnage entre 2005 et 2006 (679 000 t) et de 5 % en valeur (3,1 milliards d'euros). Le chiffre d'affaires des plats cuisinés s'élevait à 596 038 milliers d'euros en 2006.

Depuis cinq ans, la croissance des ventes de ce secteur a été considérable : + 25 % en volume et + 19 % en valeur.

Les salades et les plats cuisinés, les deux « poids lourds » du marché, ont vu leur tonnage augmenter de 51 % ces cinq dernières années ! Chaque année, il se vend quelque 115 753 tonnes de salades préparées en France dont 20 510 tonnes de taboulé et 52 752 tonnes de crudités assaisonnées (autant dire de carottes râpées et de céleris rémoulade).

Et pourtant, c'est sans doute sur ces produits que les écarts de prix sont les plus considérables.

Le consommateur se trouve donc dans une situation paradoxale. Préoccupé par son pouvoir d'achat, il éprouve de réelles difficultés à boucler son budget. Frappé de plein fouet par la hausse du prix de l'essence, des loyers, des matières premières, il essaie tant que faire se peut d'économiser sur son alimentation. C'est sans doute pourquoi les magasins hard discount ne se sont jamais aussi bien portés et représentent aujourd'hui 13,7 % de parts de marché en valeur. Mais dans le même temps, d'autres enquêtes prouvent que 60 % des consommateurs, contrairement à ce qu'ils prétendent, ne sont guère guidés par le prix du produit qu'ils achètent, mais par son aspect pratique. Les aliments bruts majoritairement utilisés pour faire la cuisine dans les années 1960-1980 ont donc été remplacés – si ce n'est dans nos cœurs tout au moins dans nos placards – par des produits prêts à l'emploi qui ne demandent aucune préparation et qui apportent une solution à nos contraintes de temps. À en croire les chiffres fournis par l'institut TNS Worldpanel : 54 % des Français ont l'impression de ne pas avoir de temps libre dans la semaine et 65 % essaient de perdre le moins de temps possible. Du coup ils sont 37 % à se tourner vers des produits faciles à cuisiner et 34 % à chercher sans cesse des nouveautés pour ne pas dire des gadgets censés leur faire gagner quelques précieuses minutes. En résumé nous sommes majoritairement prêts à payer plus cher pour manger plus gras des produits moins bons mais faciles et pratiques à l'usage. Le CREDOC avance d'ailleurs que les Français les plus modestes considèrent qu'ils ont droit de ne plus avoir à éplucher, laver, dénerver et préfèrent se serrer la ceinture sur autre chose plutôt que de se priver de cette facilité offerte par l'industrie. La culture populaire du jardin ouvrier n'est plus qu'un lointain souvenir. Les plus démunis réclament, eux aussi, le droit de ne plus faire la cuisine même si cela doit grever leur budget.

L'attrait de la nouveauté joue à plein. 40 % des familles françaises aiment tester les nouveaux produits pour faire plaisir à leurs enfants. Elles avouent en outre ne pas vouloir perdre de temps en cuisine. Le prix est secondaire. « Nos produits répondent aux désirs de la société du zapping », se félicite le directeur du marketing d'une grande marque de surgelés. « On zappe sur tout, y compris sur le quotidien. Grâce à nos plats, chacun peut manger dans son coin, à l'heure qu'il veut. » Les industriels se réjouissent de la fin de la commensalité, pendant que les nutritionnistes la déplorent. Les médecins voient trop souvent débarquer dans leur cabinet des adolescents obèses, ayant pris l'habitude de se gaver de junk food, vautrés devant la télévision. Un nutritionniste, effondré mais blasé, relatait qu'il soignait un adolescent de quinze ans en passe de devenir obèse. Après quelques questions d'usage, le médecin s'est aperçu que le marmot disposait d'un écran de télévision dans sa chambre et qu'il refusait de se mettre à table avec ses parents. Pour éviter tout conflit, sa mère lui apportait un plateau-repas tous les soirs dans son antre. Au menu : saucisses, frites et télé à volonté.

Même les seniors, ces derniers résistants de la bonne bouffe, semblent se laisser tenter de temps à autre par des solutions de facilité. À croire qu'eux aussi ont été rattrapés par la société du zapping. « On est de plus en plus présent sur la Côte d'Azur, se réjouit le directeur marketing de cette grande entreprise de surgelés. Pourtant ces retraités-là ont tout à la fois du temps et du pouvoir d'achat », souligne, goguenard, cet habile commercial.

Une nourriture qui ne peut égaler celle de nos grands-mères que ce soit en termes de goût, ou de santé. De fait, ces plats sans aspérité masquent leur manque de saveur sous des tonnes de sel. Quant aux matières grasses utilisées, elles sont souvent de piètre qualité. Enfin, ces plats rassasient mal.

« Prenons un plat cuisiné type : poisson-riz-épinards à la crème. Sur 300 g de plat, il y aura 120 g de poisson, un peu de riz, et encore un peu moins de légumes. Certes, c'est mieux que pas de légumes du tout, mais quand les fibres ne sont pas en quantité suffisante, la satiété n'est pas assez longue et vous risquez d'avoir faim plus vite. En outre, le rassasiement est plus tardif : comme le plat n'occupe que peu de volume dans votre estomac, vous aurez tendance à compenser en prenant plus de pain, ou de fromage à la fin du repas », souligne le docteur Fricker.

Bref, on est foutu, on mange mal.

Le fléau des livres d'anticuisine

Basile est comme un gamin. Ravi d'avoir utilisé les fameux caramels enrobés dans un emballage jaune imprimé de devinettes enfantines et d'histoires drôles naïves pour fêter la pendaison de crémaillère de son deux pièces rennais. « C'est à la fois ludique et transgressif, s'emporte-t-il. J'ai piégé tous les invités ! Personne n'a deviné quel était l'ingrédient principal de mon cake. Je les ai bluffés ! » se réjouit-il

Anecdote navrante qui nous rappelle à quel point la cuisine est devenue un no man's land. Cette pièce autrefois conviviale, qui abritait des denrées appétissantes, du fromage, des fruits frais et des légumes du potager ne regorge désormais que de nourriture savamment empaquetée. Les boîtes ont supplanté les conserves faites maison, et le surgelé fait désormais office de produits frais.

Forts de ce triste constat, les éditeurs tentent de concilier deux tendances apparemment irréconciliables : le vrai-faux engouement des trentenaires pour la cuisine et leur goût des produits médiocres. La nouvelle mode faisant florès dans les maisons d'édition est de publier des livres d'anticuisine. Le concept est simple : vendre des ouvrages branchés qui cherchent à nous faire prendre des vessies pour des lanternes, ou plutôt des produits manufacturés hyper-siglés pour le nec plus ultra des ingrédients de base d'une cuisine raffinée. Ayant pris bonne note que chez les moins de 35 ans on ne fait plus son marché quotidien[1] et que la grande distribution fait office de

1. 90 % des Français font leurs courses en supermarché. Une fois par semaine, ils ravitaillent leur maisonnée de

boucher, poissonnier, primeur, fromager, certains cuisiniers ont eu l'idée saugrenue de flatter ces penchants inavouables pour les produits industriels en proposant aux trentenaires régressifs des recettes réalisées à base de saucisses en sachet, de pâté en boîte et de pâte à tartiner. Ainsi, des currys thaïs réalisés avec du fromage siglé, en passant par des rougails à base de saucisse sous cellophane et autre charlotte aux fraises chimiques sont-ils décrits par le menu dans ces ouvrages.

Ces livres poussent le vice jusqu'à nous faire cuisiner ces produits manufacturés censés justement être prêts à l'emploi. Or, à partir du moment où l'on doit s'atteler aux fourneaux pourquoi persister dans le choix de ces produits qui ne sont ni bon marché, ni équilibrés plutôt que de choisir des ingrédients frais ? Quitte à cuisiner, et à prendre le temps de le faire, autant cuisiner du bon. Non. Il semblerait que la mode soit de concocter des plats à partir de produits industriels. Les auteurs de ces livres oscillent entre ingénuité et cynisme. Du côté des naïfs, certains grands chefs. Ainsi, Jacques Thorel, féru de bonne bouffe, s'est laissé aller à rédiger un petit ouvrage décalé[1] qui vante les mérites de la bouffe manufacturée et propose des recettes d'omelette aux chips, de volaille aux corn flakes et de chou au surimi.

---

produits faciles à stocker. Dans le même temps, la fréquentation des marchés ne cesse de baisser.

1. Jacques Thorel, *Trop bon et pas cher*, Éditions Ouest-France.

Jacques Thorel se défend pourtant d'avoir voulu faire un ouvrage commercial, il explique que ce sont de longues discussions avec son neveu qui lui ont permis de s'apercevoir du gouffre culinaire qui les séparait. L'oncle, incrédule, a demandé au jeune homme de lui décrire ses repas. Premier constat : pas de légume. « Il n'en achète pas, parce qu'il trouve que ça ne se conserve pas bien et que le goût des légumes est aléatoire. » Pas de fruit non plus. « Il ne fait pas sa compote, il l'achète. » Et « il ne connaît des fraises que leurs dérivés chimiques. Du chocolat, que son épouvantable ersatz élaboré à base de noisettes et d'huile de palme ».

Alors que faire de cette génération désenchantée et surtout, comment lui apprendre à cuisiner en n'utilisant que le contenu de ses placards ? Un défi relevé par le cuisinier persuadé que l'on peut prouver à ces trentenaires désespérants qu'il est possible de ne plus consommer bêtement ces produits faciles. « Je voulais qu'ils renversent le rapport de force, qu'ils se réapproprient ces produits en les cuisinant », explique Jacques Thorel. Fichtre. Il faut croire que nous sommes arrivés bien bas si les plus grands chefs en sont réduits à proposer aux enfants de cuisinier des cochonneries pour lutter contre la malbouffe ! Bien entendu, il est sans doute préférable de mitonner ses fraises chimiques plutôt que de plonger fébrilement sa main dans le sachet, alors que l'on est nonchalamment vautré sur un canapé. Mais avouons que l'on est bien loin ici de l'idéal culinaire. Cuisinez,

cuisinez, il en restera toujours quelque chose semble penser Jacques Thorel. Peut-être un jour, sait-on jamais, ces grands benêts seront-ils tentés de préparer des repas avec des produits frais. Permettez-moi de ne pas partager cet optimisme ! Mais, s'il ne fait pas de doute que cet amoureux de la bouffe est animé du désir utopique de redonner des émotions à cette jeunesse hermétique à la bonne chère, les autres auteurs ayant cédé à cette nouvelle mode sont, eux, beaucoup plus cyniques.

Thierry Roussillon, auteur des *Stars du placard*[1], décline à l'envi des plats simples à préparer, élaborés à partir de produits siglés. Son but ? Surfer sur l'attachement des trentenaires aux marques pour leur proposer ce que le jeune critique gastronomique appelle pompeusement un « concept book ». Ludique, drôle, son livre aurait, selon lui, un côté « vous ne devinerez jamais ce qu'il y a dedans ». Bluffez vos copains en mijotant un fromage pasteurisé médiocre, et jouez sur les instincts les plus vils d'une génération décidément perdue pour la bonne bouffe. Déjà en 2005, Julie Andrieu[2], proposait plus de 140 recettes pratiques et inattendues à cuisiner avec des produits déjà prêts, comme les pâtes à tarte surgelées, les légumes prédécoupés, le riz « minute », et autres boîtes de conserve. Selon Thierry Roussillon, le succès de ce genre d'ouvrages s'explique aisé-

1. Aux Éditions de l'If.
2. *Ma p'tite cuisine*, avril 2005, Marabout.

ment. « Ils surfent sur la tendance “j'ai honte mais j'aime ça”. » « Après tout, on peut apprécier la “Star Ac'” et l'opéra », se défend le jeune apprenti sorcier. C'est vrai. Mais encore faut-il maîtriser tous les niveaux de musique comme tous les niveaux de langue. Il est aisé pour un éminent linguiste de se réjouir de la créativité du langage SMS. Il peut le quitter à chaque instant, changer de registre, utiliser un langage soutenu. Par contre, celui qui n'a ni les armes ni les connaissances nécessaires pour faire face à la marée industrielle n'a d'autre choix que de rester cantonné dans cette médiocrité. Alors, plutôt que de se lancer dans l'éloge facile d'une junk food forcément charmante, n'aurait-il pas été plus judicieux d'être pédagogue ?

D'autant que si la bonne nourriture peine à trouver des relais, la bouffe industrielle ne manque pas de vecteurs de diffusion. Télévision, publicité ne cessent de vanter les mérites de la malbouffe. Et comme si ce n'était pas suffisant, cette junk food s'est, en outre, insidieusement infiltrée dans la nourriture de collectivité. Les marques de fromages siglés et pasteurisés sont largement distribuées dans les cantines, les prisons et les maisons de retraite. Pourquoi ? Parce que ces fromages sont tout à la fois peu onéreux et éminemment pratiques à stocker. Un état de fait qui pose d'infinis problèmes à la transmission de notre culture et de nos connaissances gustatives.

La cantine ou la fabrique des obèses ?

Bérengère a beaucoup de chance. Elle est la fille d'un grand critique gastronomique français. Son père connaît le terroir hexagonal sur le bout des doigts et n'a eu de cesse de partager ce savoir avec sa fille. Élevée à l'huître iodée de Prat Ar Coum, à la géline de Touraine et au saint-maure, l'adolescente est armée pour contrer la malbouffe. Elle sait repérer la junk food dans son assiette, traquer le produit trop gras, et refouler les intrus. Le déjeuner à la cantine est, pour elle, un long supplice. Mais Bérengère a un atout de taille par rapport à ses petits camarades. Tout d'abord, elle est parfaitement consciente de manger médiocrement à la cantine. Dans ces lieux de perdition, on ne se restaure plus, on se nourrit tout juste. Par ailleurs, elle a la certitude que le soir, quand elle rentrera chez elle, sa mère lui aura amoureusement préparé un bon dîner. Autant dire que Bérengère est une privilégiée. Combien d'enfants ont encore la chance de savoir qu'ils mangent mal à la cantine ? Pis. Combien peuvent se dire qu'ils mangeront mieux chez eux ? Les données de l'étude Individuelle nationale des consommations alimentaires, dite INCA 1, menée en 1998-1999, ont ainsi mis en relief que si les repas servis à la cantine sont largement trop riches en graisses et trop pauvres en calcium, ils sont tout de même plus équilibrés (notamment à l'école primaire) que ceux pris à la maison ! Bref, même s'ils sont souvent médiocres, c'est grâce aux repas servis à la cantine que certains bambins mangent des légumes verts, des fruits frais et du poisson qu'ils ne consomment jamais chez eux... Ces données font frémir mais ne sont pas étonnantes quand on sait qu'à l'âge de 1 an, un enfant sur cinq mange des frites une à deux fois par semaine[1], que 13 % des tout-petits consomment couramment de la mayonnaise, des pizzas, des lasagnes, du ketchup, et que 12 % boivent du soda dès 1 an et 61 % à partir de 31 mois.

Quel est l'avenir gourmand des enfants qui, non seulement, mangent mal chez eux mais qui, en outre, se nourrissent médiocrement à la cantine ? Comment les sortir de ce marasme gastronomique quand notre bonne vieille « cantoche » est, elle aussi, devenue un haut lieu de la fabrique des obèses ? Une chose est certaine, les pauvres bambins mal nourris chez eux ne pourront faire leur éducation culinaire dans ce nouveau bastion de la malbouffe. Finis la convivialité et l'apprentissage de la commensalité, bonjour la formation accélérée en nourriture de piètre qualité.

Nombre d'associations de consommateurs ont d'ailleurs souligné que la circulaire du 25 juin 2001 qui institue une obligation de résultat, s'agissant de la qualité nutritionnelle des repas servis dans les cantines, était insuffisamment respectée. La ministre de la Santé et des Sports, Roselyne

1. Étude TNS-SOFRES-SFAE (Syndicat français des aliments de l'enfance) réalisée en 2005 et communiquée en 2007.

Bachelot, a d'ailleurs décidé de l'imposer par décret afin de la rendre obligatoire et contraignante. En 2005, l'UFC-Que choisir a réalisé une enquête fondée sur l'étude approfondie de 2 000 menus. L'association de consommateurs a également analysé la composition d'une soixantaine de menus afin de vérifier leur conformité avec les indications fournies par la circulaire. Outre l'absence de variété, les résultats ont mis en lumière un manque de poisson, de viande rouge, de produits laitiers et de légumes. 45 % des villes ne respectaient pas la moitié des critères définis par la circulaire. Quant à l'analyse nutritionnelle réalisée sur 60 menus choisis par l'association et servis pendant quatre jours consécutifs, elle a révélé des dépassements notables dans les apports de protéines, de sel et de matières grasses. Certains menus comportaient 53 % de matière grasse alors même que les recommandations nutritionnelles invitent à ne pas dépasser 30 à 35 % de graisse par repas ! Le calcium était, par contre, aux abonnés absents de ces plats déséquilibrés alors même que ce minéral est indispensable pour les enfants en période de croissance. Les apports en féculents étaient, eux aussi, bien trop faibles.

En 2007, l'Agence française de sécurité sanitaire des aliments (AFSSA) a présenté un rapport soulignant les causes de la mauvaise qualité nutritionnelle des repas servis à la cantine. Cette étude réalisée auprès de 785 collèges et lycées révélait une mauvaise connaissance du contenu, voire l'ignorance de la circulaire par le personnel des établissements. En effet, si les écoles sont particulièrement sensibilisées aux contraintes de sécurité sanitaire des aliments, elles montrent moins d'empressement à respecter l'équilibre alimentaire des repas et à faire l'éducation nutritionnelle des élèves. De même, les repas sont trop souvent « expédiés ». Seuls 8 % des établissements de l'Éducation nationale et 5 % des établissements agricoles suivent la recommandation de la circulaire du 25 juin 2001, en accordant un temps de repas aux élèves d'au moins trente minutes[1]. Pourtant, la cantine joue un rôle crucial dans l'apprentissage du goût des jeunes générations. 6 millions d'enfants y déjeunent de la maternelle au lycée. Un milliard de repas y sont servis chaque année[2].

Conscients de l'importance du rôle de la cantine, le nutritionniste Jean-Michel Cohen et le cuisinier Cyril Lignac se sont attelés à un travail de fond, en sillonnant la France, six mois durant, afin de brosser un tableau réaliste des cantines hexagonales. Les conclusions de ce documentaire,

1. Dans plus de trois établissements sur quatre, le repas dure entre seize et trente minutes.

2. Selon l'étude INCA 2, 49 % des 3-10 ans, 66 % des 11-14 ans et 60 % des 15-17 ans prennent au moins trois de leurs déjeuners hebdomadaires au restaurant scolaire. Et, selon l'étude restauration scolaire, 62 % des élèves des établissements publics du second degré ainsi que 85 % des élèves des lycées agricoles fréquentent la cantine tous les jours de la semaine.

Vive la cantine !, diffusé en 2006 sur M6, furent accablantes.

Zoom avant sur une classe de maternelle. Cyril Lignac brandit devant des marmots interloqués un artichaut. « C'est quoi ça ? — Un chou ! répond sans hésitation une ravissante enfant. — Non, ce n'est pas ça, lâche dans un souffle le cuisinier manifestement atterré. Quelqu'un aurait une autre idée ? » Silence de plomb dans la salle, seul un petit blondinet, un rien téméraire se lance : « Si, monsieur, je sais moi, c'est un poireau ! » Soupir du marmiton. Stoïque, il reprend pourtant l'expérience et exhibe alors une superbe botte d'asperges vertes. « Et ça ? demande-t-il un peu inquiet. — Ben, c'est du blé pas mûr », affirme, péremptoire, le petit brun du fond de la salle. Et cette endive alors, qu'est-ce que ça va bien pouvoir devenir dans l'imaginaire fertile de ces gamins ? « Une banane pardi ! — Mais non, t'as rien compris, c'est du poisson », rectifie un petit garçon manifestement très au fait.

On pourrait croire à de la science-fiction. Pourtant, ces images sont réelles. Le documentaire retrace les journées de deux cantines de maternelle et primaire à Éperlecques dans le Nord-Pas-de-Calais et à Ézy-sur-Eure, en Normandie. Même dans nos belles campagnes, les fruits et légumes sont devenus de sombres inconnus pour les enfants. Or, comme l'on n'aime que ce que l'on connaît, il est impossible de faire avaler un légume à ces gamins. Les enfants trient ou plutôt traquent méticuleusement la moindre trace de primeur dans leurs assiettes. C'est ainsi que Cyril Lignac s'est vu retoquer son appétissante purée de carottes. Seuls sept gamins sur trente-huit ont daigné « ingurgiter » ces ombellifères pourtant mixées. Le verdict des mioches est sans appel : « C'est pas bon. » Par contre, ces petits ogres ont fait preuve de connaissances pointues en matière de produits industriels. Ainsi connaissent-ils sur le bout de leurs petits doigts déjà un tantinet grassouillets tous les nuggets, pizzas et autres hamburgers bien gras. Et tous de réclamer, à la place de ces légumes détestés, une bonne poignée de frites surgelées bien huileuses ou quelques pommes dauphines non moins congelées dont les cantinières ont le secret.

Devant l'ampleur du défi, le nutritionniste et le cuisinier ont décidé de mettre en œuvre des ruses de Sioux et d'échafauder un plan pour offrir à ces gamins le b.a.-ba du bien manger. Première étape : découper les tomates, courgettes et autres aubergines en petits dés pour les dissimuler soigneusement dans les sauces. Seconde étape : une fois l'assiette avalée par le gourmet en herbe, lui expliquer qu'il vient de manger des légumes et, miraculeusement, d'aimer ça. Sauf que ce travail de pédagogie de l'alimentation abandonné par des parents trop pressés, ou trop incultes, est également délaissé par nos chères cantines. Pourtant, en servant près d'un milliard de repas par an à plus de six millions de petits Français, nos cantoches pourraient, si le personnel était mieux formé, rééquilibrer la balance. Mais quand on sait qu'une cantine sur deux ne propose pas de légumes frais, on se doute bien que l'on n'est pas ici sur le point de faire respecter la circulaire ministérielle de 2001. Si les légumes en boîte sont intéressants en termes de santé, leur absence de goût est patente. D'ailleurs, il suffit de suivre ces deux chevaliers de la bonne bouffe dans les cuisines collectives pour avoir confirmation de ce triste constat tant, ici, la réalité confine au cauchemar.

À Éperlecques, dans la cuisine de Marie-France, les merguez du couscous sont cuites dans un litre d'huile. Bien entendu, on ne la changera pas de la matinée et les dernières saucisses seront rissolées dans un liquide noirâtre et épais. Quant aux petits légumes, ils sortent tout droit d'une boîte de conserve. Du coup, les trois quarts des enfants boudent le déjeuner et se rabattent sur la baguette. « Le pain, c'est le baromètre du succès ou de l'échec du plat du jour », explique Jean-Michel Cohen. « Quand il en reste sur le plateau, c'est que les enfants ont bien mangé. Dans le cas contraire, ils n'auront qu'un ou deux morceaux de pain dans le ventre jusqu'à la sortie des classes et le goûter, souvent trop sucré, apporté par leurs parents. » Tout cela n'a rien d'une alimentation équilibrée et l'on est bien loin ici des cinq fruits et légumes du PNNS. Et, pourtant, comme le souligne Jean-Michel Cohen, « ce sont les bonnes vieilles cantines autogérées qui ont été abordées dans ce documentaire et non pas la nourriture livrée au matin par les industriels ». Selon lui, nos cantinières sont insuffisamment formées. Du coup, malgré leur bonne volonté, certaines ne font pas mieux que les groupes. Prises en étau entre le marteau des coûts à ne pas dépasser (elles ne disposent que de 1,50 euro par tête blonde) et l'enclume des normes de sécurité alimentaire ou HACCP (Hazard Analysis Critical Control Points), les braves cantinières font ce qu'elles peuvent avec les moyens du bord.

Ce documentaire un peu outrancier a mis le doigt sur de vraies problématiques. Il est de plus en plus difficile pour les cuisines autogérées de concurrencer les deux groupes industriels qui dominent le marché, tant ces derniers ont su répondre aux grandes angoisses du moment que sont le respect des normes d'hygiène et la diététique. Leurs repas sont certifiés « zéro défaut en terme sanitaire » et le marketing de ces géants de la bouffe met en avant le travail de leurs diététiciennes pour offrir aux enfants des repas nutritionnellement très corrects. Une opération réussie puisque ces deux mastodontes se sont largement invités dans les assiettes de notre progéniture. Le premier d'entre eux nourrit à lui seul 725 000 petits Français chaque jour... « C'est comme cela qu'on s'éloigne du goût », regrette le nutritionniste Jean-Michel Cohen, qui fustige « le manque d'efforts culinaires, le non-respect des traditions régionales et surtout la standardisation de la bouffe fournie par ces groupes ». « On va finir par manger la même chose dans toute la France ! » maugrée le médecin.

Pourtant, la réalité décrite dans ce documentaire n'a rien d'une fatalité. Chaque jour, une poignée de passionnés se démènent pour faire changer les choses. Il est vrai que les normes HACCP ont compliqué la donne, ces professionnels en conviennent. Georges Sanchez, chef de cuisine depuis vingt ans au lycée Blaise-Pascal de Marseille, est un militant du « bon goût » et un fervent défenseur de la gastronomie française. Mais sa voix chaude et son accent chantant prennent une tonalité grave quand il aborde « la question de l'instrumentalisation des peurs de la profession par des industriels sans vergogne ». « Les cuisiniers ont la pétoche, ils n'osent plus toucher un moule à gâteau, ni concocter un fond de sauce de peur de mal faire ! On a traumatisé les chefs », s'attriste-t-il. « Il est certain que plus on fait de manipulations, plus on prend de risques. Mais c'est en cuisinant soi-même qu'on se démarque de la nourriture industrielle et qu'on propose aux gamins un repas que l'on ne retrouvera pas partout, et qui sera lié à son ancrage régional », s'enflamme Didier Thévenet, directeur du restaurant municipal de Lons-le-Saunier. Ce grand monsieur tout simple montre les dents quand il s'agit de dénoncer l'uniformisation de la bouffe. « Les normes HACCP, ça ne veut pas dire halte aux quiches et aux clafoutis pour les papys ! » s'emporte-t-il. Il faut avouer qu'on leur fait la vie dure aux cuisiniers, en les incitant par exemple à choisir du steak haché surgelé – présentant moins de danger que le frais – et à le faire cuire jusqu'à ce qu'il ressemble à une semelle afin d'éviter une éventuelle contamination microbienne... « On veut nous faire croire qu'il est dangereux de faire entrer des produits terreux au sein de la cantine et que manipuler du lait est une opération risquée ! Résultat, beaucoup optent pour des flocons déshydratés et de la bouffe en sachet », s'emporte Bruno Léger, responsable du Service de restauration municipale de Carquefou. Dominique Valadier est chef de la cuisine du lycée de l'Empéri à Salon-de-Provence. Chevelure blanche et accent ronronnant, il s'autoproclame le « Fou de la cantine » et n'a pas de mots assez durs pour décrire la nourriture fournie par les industriels. « Ce sont des plats qui ont été préparés l'avant-veille. Vous avez déjà vu un bifteck haché préparé trois jours avant ? Ça n'a plus l'air de rien ! » Et que dire de « Bob l'Éponge », surnom inamical donné par les professionnels au médaillon de poisson surgelé (et sans arêtes) proposé par les grands groupes ? « C'est à croire qu'ils sont parvenus à les croiser avec des limaces ! » fulmine Dominique Valadier.

« Nous, on casse des œufs en cuisine », revendique Didier Thévenet. Mais il est bien l'un des derniers à réaliser cette manipulation « ô combien périlleuse » ! Quand on aborde l'épineuse question des œufs, les chefs avouent, penauds, que pour préparer du far breton ou des crêpes, ils privilégient la facilité que permettent les bricks de blanc et de jaunes d'œufs proposés par l'industrie. « Le risque de salmonelle... », lâche Michel dans un souffle. Renseignement pris auprès de l'INVES (Institut national de veille sanitaire), les œufs ou les produits à base d'œufs n'ont été à l'origine que de 71 foyers de salmonelle dans toute la France en 2006. Seuls trois foyers de salmonellose ont été répertoriés pour la restauration scolaire en 2007, soit cent cas qui n'ont, bienheureusement, engendré aucun décès. C'est toujours trop, mais ça ne pèse pas lourd au regard des six millions de repas servis chaque année dans les cantines. Et s'il est nécessaire de prendre des précautions, il ne faudrait pas que ces dernières deviennent un prétexte pour éloigner les chefs de leurs fourneaux... et pour réduire les coûts. « La bonne bouffe, ça demande beaucoup plus de personnel que les plats tout prêts. J'ai 19 personnes à temps plein pour préparer 1 200 repas par jour. Si je faisais de la purée en flocons, je n'aurais besoin que de neuf personnes et d'une bonne turbine ! » s'enflamme Bruno Léger. L'argument portant sur la réduction des coûts du personnel a fonctionné auprès des collectivités territoriales qui, avec la loi de décentralisation de 2004, ont hérité de la gestion des cantinières des collèges et des lycées... Autant dire que, depuis quelques années, les délégations de service public accordées aux groupes agroalimentaires se multiplient. Les maternelles et les écoles primaires qui dépendent directement des élus locaux se retrouvent elles aussi dans la même configuration. Il faut que les édiles aient une véritable motivation politique pour accepter de prendre en charge les cantines. « Ce sont des questions trop graves pour les laisser aux industriels », sourit Damien Alary, vice-président de la Région Languedoc-Roussillon et président du conseil général du Gard. Voilà maintenant cinq ans que ce département s'est engagé dans la bataille de la bonne bouffe, insufflant 40 000 euros chaque année dans les cantines scolaires.

Mais quand l'élu n'est pas militant... c'est tant pis pour les enfants. « Les cantines risquent de devenir inégalitaires. La qualité proposée ne sera pas la même selon la région dans laquelle on se trouvera », s'inquiète Georges Sanchez. « Les cuisines autogérées font un véritable travail de service public. Tout n'est pas parfait mais nous ne sommes pas mus par l'appât du gain. Les industriels sont des centimiers : ils en sont à comptabiliser le prix de revient de l'olive noire sur la macédoine ! » s'enflamme le cuisinier. Et une fois la délégation de service public accordée à l'un des deux groupes qui se partagent le marché, il est bien difficile de revenir sur sa décision. Certaines villes de province l'ont appris à leurs dépens. Voilà quinze ans, une grande ville du Nord-Finistère a abandonné ses cantines à des prestataires extérieurs. La cuisine a été laissée à l'abandon et le personnel réintégré vers d'autres services de la mairie. La ville s'est vite aperçue qu'elle n'était pas satisfaite des services rendus par l'industrie, mais comment faire marche arrière quand les locaux sont devenus obsolètes et que le personnel formé s'en est allé ? Dans les Bouches-du-Rhône, le conseil régional a décidé voilà deux ans de faire distribuer gratuitement dans les cantines des fruits et légumes issus de l'agriculture régionale. Mais les cuisines collectives habituées à ne commander que des salades en sachet et des légumes épluchés se sont retrouvées fort marries devant ces monceaux de produits frais qu'elles étaient devenues incapables de préparer...

Les villes réalisent-elles au moins quelques économies en abandonnant leurs cuisines aux groupes et aux produits industriels ? Non ! Pour la bonne et simple raison que cuisiner coûte moins cher que d'acheter des plats tout prêts ! Michel Bouillaux, responsable de la restauration municipale de la ville de Lorient, a ainsi réussi à convaincre son intendant d'acheter des poulets label Rouge en lui démontrant, chiffres à l'appui, que ces poulets coûtaient moins cher que les cuisses prédécoupées issues de volailles de piètre qualité. « Mais il a fallu réapprendre à découper le poulet », souligne ce Breton austère qui ne s'anime que pour dire sa passion de cuisiner pour les enfants. « Chez nous, on fait à manger. Mais il y a de nombreuses cuisines où l'on ne fait que reconditionner des aliments tout prêts. »

Bref, pour relever le défi de la cantine de qualité, le personnel doit être compétent et motivé. Dominique Valadier en est persuadé. « Aujourd'hui, les gens qui m'entourent sont des militants. Trois filles merveilleuses qui ont envie d'apporter aux gamins ce qu'ils n'auront jamais ailleurs. » Et il en faut de la motivation pour se rendre tous les matins à l'aube sur le marché international de Cavaillon. « Ça me permet d'ajuster mes achats au jour le jour et de troquer les endives trop chères contre des choux, moins onéreux. Je travaille à l'inspiration et je réalise des économies parce que je connais les commerçants. Le primeur vient de m'appeler à l'instant pour me dire qu'il lui restait un lot de 300 kilos de tomates dont il ne savait que faire. Du coup, il me l'a donné. Bonne nouvelle, les gamins auront du coulis frais sur leurs pâtes plutôt que du jus de chaussettes en boîte ! Ce sera nettement moins cher et bien meilleur ! »

Dans les cuisines de chacun de ces passionnés, la débrouillardise est le maître mot. Ainsi, les yaourts bio des cantines de Lons-le-Saunier sont préparés par l'École nationale de l'industrie laitière située à 15 km des cuisines. Et ce, pour un prix défiant toute concurrence. « Avec un coût de revient de 15 centimes d'euro, ils nous coûtent moins cher que des yaourts ordinaires ! » Idem pour le pain bio. En 2000, la ville s'est aperçue que les nappes phréatiques étaient en piteux état. Une convention a été conclue avec les agriculteurs qui ont accepté de planter du blé pour assainir l'eau. Pari réussi. L'eau est pure et le pain bio moins cher que du pain industriel ! Quant à la vache montbéliarde, livrée chaque semaine, elle arrive quasiment sur pattes en cuisine ! La traçabilité des produits ne pose aucun problème puisqu'ils sont tous achetés dans un rayon de 100 km. « Mais attention, car légalement on ne doit pas dire qu'on a une préférence pour telle race de viande, ce serait une odieuse discrimination », s'amuse Didier Thévenet. Les cuisiniers sont obligés de ruser. Et multiplient les notations incongrues sur leurs cahiers des charges, allant jusqu'à préciser que la bête doit être livrée vivante, avoir tel type de sabots, et telle façon de faire « meuh » !

Le chemin a été rude, mais ces efforts sont payants. Bien entendu, « ça n'a pas été chose aisée ! » sourit Damien Alary. « C'est un travail de conviction, surtout quand il faut reprendre l'éducation gustative à la base. Au début, les repas retournaient en cuisine sans que les enfants ne les aient touchés. Le poulet bio ou label Rouge était boycotté par les gamins qui le jugeaient trop dur ! » explique l'élu. Il a fallu tout réapprendre, associer les parents à des ateliers de cuisine et expliquer aux marmots que le blé pousse dans les champs, que le lait vient de la vache et que les légumes suivent, eux aussi, les saisons.

« Pour convertir un môme à la bonne bouffe, il suffit de lui dire que la nourriture s'inscrit dans une histoire, de la leur expliquer. Le personnel encadrant n'est pas là uniquement pour servir le repas. Il doit s'impliquer, lire les menus, répondre aux questions des enfants. Car lorsque les marmots ont un doute sur le contenu de leur assiette, ils ne mangent pas », constate Didier Thévenet. Dominique Valadier est, lui aussi, convaincu qu'à force de pédagogie les enfants mangeront de tout. « L'autre jour, j'étais en visite dans les cantines, et je demandais aux chefs de se mettre à la place des mômes. Comme ils n'avaient pas l'air de comprendre, je leur ai dit ceci : “Si on vous servait un repas de sauterelles, vous le mangeriez ? Non ! Eh bien, pour les gamins d'aujourd'hui, le colin, les navets, les brocolis, c'est comme des sauterelles, ils ne savent pas ce que c'est, donc ils refusent d'en manger !” Mais leur faire connaître ces aliments, c'est la garantie de les leur faire apprécier. »

Les résultats sont là. Dans la cantine de Lons-le-Saunier, les courgettes étaient boudées en début d'année. Aujourd'hui, les gamins en redemandent. Idem pour les épinards de Christophe, ou mieux encore pour le fenouil braisé de Georges et les brocolis au roquefort de Dominique.

D'ailleurs, ce dernier s'est donné un objectif un peu fou : couler le fast-food situé en face de la cantine de son lycée ! « À 3,30 euros le repas, je suis moins cher que chez eux, et les gamins raffolent de mes plats ! »

Qui sait ? Peut-être que demain, à force de persuasion et de pédagogie, les ados et les enfants préféreront leurs bonnes vieilles cantines aux sinistres fast-foods ?...

Le bio dans les cantines : ou quand une bonne idée devient gabegie...

L'an passé, la filiale bio d'un grand groupe industriel pétitionnait pour que le Grenelle de l'environnement respecte son engagement de fournir 20 % de repas bio dans l'ensemble de la restauration collective publique d'ici 2012. En un mois, la pétition a recueilli 10 000 signatures. Et le bio est devenu LE sujet de prédilection des politiques. « Dès qu'un nouveau maire est élu, il veut faire passer ses cantines en bio », s'amuse le nutritionniste Jean-Michel Cohen. « Puis il est confronté aux réalités économiques et il y renonce ou bien il délègue sa cantine à un grand groupe proposant des repas bio élaborés à base de produits étrangers », persifle le médecin. C'est ainsi que dans une grande ville bretonne, entourée de champs, on mange de la carotte bio italienne... Or, le choix du bio n'a de sens que lorsqu'il permet de faire revivre l'agriculture locale, comme c'est le cas à Lons-le-Saunier ou à Lorient. Didier Thévenet et Michel Bouillaux n'ont eu de cesse d'offrir dans leurs cantines des débouchés à des produits locaux cultivés sans engrais et sans pesticides.

« Mais la folie du bio qui s'est récemment emparée de la France a fait littéralement exploser les prix ! » peste Christophe Bouillaux. « On a dû demander une rallonge de 40 000 euros à nos élus pour régler nos factures car de nombreux producteurs ont gonflé leurs marges », regrette ce militant de la première heure. Le bio serait-il devenu un business juteux ? On ose à peine y croire. Ça ne serait pas très « bio »...

Fracture alimentaire : l'injustice est dans l'assiette

Il est des questions cruciales qui ne semblent pas émouvoir l'opinion publique. Et si l'actualité se fait souvent l'écho de la fracture sociale, dénonçant son injustice et déplorant la mort de la promotion républicaine, elle passe trop souvent sous silence la fracture alimentaire opposant deux France. L'une, riche et svelte ; l'autre, pauvre et corpulente. Les nutritionnistes ont identifié cette iniquité, les politiques sont informés, pourtant, il est de bon ton de ne pas en parler.

Dans une société égotiste ayant érigé la maigreur extrême en symbole de beauté, il paraît inconcevable de stigmatiser une fois encore la part la plus précaire de la population en la désignant comme trop dodue. Plutôt ne rien dire que de commettre l'irréparable crime de mal penser. Pourtant, n'en déplaisent aux néo-prudes, les chiffres sont là. L'obésité frappe plus durement les populations défavorisées. « C'est devenu un marqueur social », constate Serge Hercberg, professeur de nutrition à la faculté de médecine Paris-XIII et président du comité de pilotage du PNNS. Si 18 % des enfants français sont en surpoids ou obèses, ils sont 25 % à l'être dans les foyers modestes. L'exemple des femmes est tout aussi troublant : « 17 % d'entre elles sont obèses, mais la proportion atteint 30 % chez les plus démunies alors qu'elle ne dépasse pas 10 % chez les cadres », souligne le professeur Hercberg. À l'heure où preuve a été faite d'un lien entre nutrition et santé, laisser cette situation perdurer est criminel.

C'est à l'évolution de notre façon de nous nourrir que nous devons cette pandémie d'obésité. L'enquête menée par le CREDOC sur *Les Comportements et les consommations alimentaires en France*[1] montre que jeunes et vieux, pauvres et riches ne mangent pas de la même manière. Ainsi, les enfants se gavent de produits transformés comme les pizzas, les quiches, ou les céréales trop sucrées du petit déjeuner. Neuf enfants sur dix boivent des BRSA (boisson rafraîchissante sans alcool), c'est-à-dire des nectars de fruits et des sodas. Par contre, ils n'ingèrent pas assez de fruits et légumes. L'ENNS démontre que l'apport quotidien en fruits et légumes est insuffisant pour plus de 58 % des 3-17 ans. À peine 20 % d'entre eux avalent les fameux « cinq fruits et légumes par jour ». De même, les aliments complets comme le pain, le riz et les pâtes restent marginaux. Bref, si les seniors aisés ont toujours tendance à suivre un régime alimentaire équilibré, mangeant de façon plus diversifiée des produits moins élaborés, les jeunes générations, elles, se laissent davantage séduire par les sirènes industrielles. Mais cette fracture générationnelle se double d'une inégalité sociale croissante face à la nour-

1. CREDOC, *Les Comportements et les consommations alimentaires en France*, Éditions Tec & Doc-Lavoisier.

riture. En clair, les messages nutritionnels diffusés par le PNNS sont davantage entendus par les plus aisés que par les autres. Pourquoi ? Parce que les premiers ont moins à se soucier de la question du prix, alors que les seconds y sont très attentifs.

De fait, si la consommation de fruits et légumes frais s'est effondrée ces quarante dernières années (– 17 % pour les premiers ; – 40 % pour les seconds), ce recul est nettement plus marqué dans les populations défavorisées puisque seul 1 % des plus démunis mangent cinq fruits et légumes par jour. Ils ne sont que 5 % à en manger trois. Pendant le même temps, 43 % de la population mangent cinq fruits et légumes par jour et 35 % au moins trois... Quant aux poissons, ils semblent désormais réservés aux seniors nantis. D'après les chiffres fournis par l'OFIMER (Office national interprofessionnel des produits de la mer et de l'aquaculture), les couples de retraités à haut revenu consomment trois fois plus de poissons que le reste de la population. Tout se passe comme si les populations démunies n'avaient d'autres choix que de se rabattre sur une junk food peu onéreuse. « Lorsque l'on ramène le prix à la calorie, ces produits manufacturés sont très bon marché. Très gras et très sucrés, ils sont donc très caloriques. Or, pour espérer un tel apport énergétique avec des fruits et légumes, du poisson ou de la viande, il faudrait dépenser beaucoup plus d'argent », déplore le professeur Hercberg. D'après les travaux réalisés par Pierre Dubois[1], chercheur à l'École d'économie de Toulouse, « en dépensant 1,5 euro, on achète des friandises, crackers et soda fournissant en moyenne 1 000 calories alors que si l'on voulait ingérer le même nombre de calories en mangeant des fruits et légumes, il faudrait dépenser 2,3 euros ; 2,8 euros pour de la viande et plus encore pour du poisson ». Prix auxquels il faut ajouter le temps d'épluchage, de lavage et de préparation… L'unité calorique pour le fruit est plus chère que celle de la junk food. Par contre, cette dernière n'apporte « ni sels minéraux, ni nutriments essentiels, ni vitamines nécessaires à un bon équilibre alimentaire », regrette le professeur Hercberg.

Comment lutter contre ce fléau ? Pierre Dubois propose dans une tribune du *Monde*[2] de taxer la junk food afin de détourner les populations les plus pauvres de ces produits manufacturés dont elles sont massivement acheteuses. Un rapport de l'Inspection générale des finances (IGF) et de l'Inspection générale des affaires sociales (IGAS) remis au début du mois d'août 2008 à Bercy et au ministre de la Santé préconise, lui aussi, d'alourdir la fiscalité sur les aliments trop gras et trop

1. Directeur de recherche à l'INRA, chercheur au Toulouse School of Economics. Directeur adjoint du GREMAQ (Groupe de recherche en économie et mathématique quantitatives).
2. *Le Monde*, 25 septembre 2007.

sucrés. Trois pistes sont proposées dans cette étude : une hausse de la TVA sur les produits prêts à consommer dits de *snacking*, l'application d'un taux de TVA de 19,6 % au lieu des 5,5 % actuels lorsque les produits concernés sont considérés comme « trop gras, trop sucrés, trop salés et n'étant pas de stricte nécessité », ainsi que la création d'une taxe additionnelle sur les boissons sucrées. Une piste que semble vouloir suivre le Parlement européen qui propose par exemple de faire passer la TVA portant sur les fruits et légumes en dessous du seuil des 5 %. « Ce n'est pas si simple », d'après Serge Hercberg qui explique que « se limiter à taxer uniquement la junk food pourrait engendrer une aggravation de la qualité nutritionnelle, déjà médiocre, de ces produits. Les fabricants économisant sur les ingrédients ou matières premières pour maintenir les prix bas ». Autant dire que cela équivaudrait à pénaliser une fois encore les plus démunis. « Ou alors, taxons la junk food pour subventionner la bonne bouffe et rendre accessible les aliments dont on veut stimuler la consommation comme les fruits et légumes, le poisson ou les aliments complets ! » propose le professeur. Mais pareille réforme est-elle envisageable dans un tel contexte de flambée des prix de l'alimentaire ?

En attendant de trouver une façon équitable de réguler les prix et de dissuader les consommateurs d'acheter certains produits, il est possible de mettre en place des solutions simples permettant aux plus précaires d'accéder à une nourriture qu'ils ne connaissent plus. La reconquête de ces populations défavorisées passe par des leçons de choses comme celles enseignées par les instituteurs d'autrefois. Il faut d'abord apprendre qu'un produit sain a bon goût, avant d'envisager une quelconque politique nutritionnelle. Le docteur Magali Martin, en charge de la direction de la santé de la ville d'Asnières, l'a bien compris. Avec l'aide du programme EPODE (Ensemble prévenons l'obésité des enfants), elle a réalisé un travail de fond qui lui a permis d'enregistrer des résultats prometteurs. En 2004, 5,09 % des enfants d'Asnières étaient obèses et 21,49 % en surpoids ; en 2007, ils n'étaient plus que 3,96 % à être obèses et 19,52 % en surpoids. Pourtant, rien de révolutionnaire dans les solutions préconisées par ce médecin. Objectif principal : l'éducation des mamans grâce à des ateliers cuisine au cours desquels Magali Martin leur montre comment faire leurs courses différemment.

« Il suffit parfois d'acheter en fin de marché pour trouver des bons produits à prix cassés. Si les légumes frais sont très chers, on peut leur préférer des conserves tout aussi équilibrées », explique le docteur Martin. À ses yeux, il est également primordial de redonner aux gens la fierté de ce qu'ils font. C'est pourquoi la ville a participé à l'édition d'un petit recueil de recettes de cuisine des mamans d'Asnières à destination des mères de famille.

Par ailleurs, cette éducation des parents passe

aussi et surtout par celle des enfants. La ville d'Asnières a mis en place des ateliers du goût pour que les bambins dépassent le sempiternel « j'aime pas », qui bien souvent cache un « je ne connais pas ».

« Il faut sans relâche faire un travail de terrain pour leur faire découvrir les aliments et notamment les différentes variétés de fruits et légumes. On essaie de donner aux enfants les clés pour qu'ils soient capables d'analyser leurs plats », prône Magali Martin. D'ailleurs, les Anglais, conscients de l'importance de former les enfants à se nourrir sainement, ont rendu les cours de cuisine obligatoires à l'école primaire et au collège. Ce faisant, les bambins deviennent des vecteurs de « la bonne bouffe ».

De fait, contrecarrer le marketing n'est pas si compliqué. Il suffit que l'école ou la ville initie l'enfant aux plaisirs de la table pour que ce dernier devienne un pilier du « bien manger » dans sa famille. C'est pourquoi l'initiative du ministre de l'Agriculture Michel Barnier de distribuer gratuitement des fruits frais à l'école pour les faire connaître et apprécier des enfants pourrait se révéler payante. Ce serait l'occasion de discuter de leur provenance, de mettre au jour les spécificités régionales. Bref, de permettre aux bambins de redécouvrir qu'un fruit pousse sur un arbre à deux pas de chez eux. Un petit garçon de 7 ans, pourtant fils d'agriculteur, a répondu à son grand-père, breton de souche, qui lui demandait « À ton avis, comment on fait le beurre ? » : « Avec du lait et des œufs ! » Dans le monde merveilleux des marmots d'aujourd'hui, le chocolat vient de la plaquette, les légumes, du congélateur, et le poisson est carré.

Pourtant, il y a moyen de leur donner les bases de ce savoir indispensable. L'école peut le faire. Certes, les professeurs se plaignent déjà des programmes chargés, mais il suffirait de quelques modestes modifications, de quelques détours, pour faire connaître aux enfants la saveur et l'histoire des aliments. Prenons l'exemple du beurre. En regardant les plaquettes rectangulaires rangées dans les rayons des supermarchés, on a du mal à imaginer que le beurre symbolise, à lui seul, l'histoire de la France au travers de celle de son agriculture. Et pourtant... Graisse barbare dans les temps antiques, graisse du pauvre au Moyen Âge, aliment pauvre des nantis et aliment riche des plus pauvres au temps des Guerres de religion, l'histoire du beurre est intimement liée à celle de notre pays. Et il y aurait tant d'autres choses à dire. Dans un pays comme le nôtre, on peut écrire l'histoire avec celle de nos aliments.

Or, faire connaître les aliments, passer des messages simples sur ces derniers sont les seuls moyens d'enrayer la prise de poids et de démontrer qu'elle n'est en rien une fatalité. Ces tendances sont réversibles, si l'on s'en donne la peine.

2

Quand la publicité devient prescriptrice

L'abandon de l'apprentissage du goût au bon vouloir des industriels a un coût dont nous payons aujourd'hui le prix fort. La connaissance des aliments ne se transmet plus par l'intermédiaire de l'école, des paysans, des artisans ou des proches mais par celui de la publicité. C'est elle désormais qui, à longueur de spots télévisés, prend en charge notre éducation gastronomique biaisant ainsi notre relation à la nourriture. L'industrie a fait main basse sur la bouffe. Conséquence directe de ce raz de marée ? L'alimentation, la vraie, celle que l'on trouve sur les marchés ou dans les bonnes échoppes de quartier est devenue une incongruité pour le consommateur. Il méconnaît les saisons, il est incapable de différencier les bons fruits de leurs ersatz surgelés mais peut réciter les allégations nutritionnelles sur le bout de ses doigts boudinés. Dérive dramatique d'une société cathodique parvenue à rendre la bonne chère virtuelle.

Mangez, c'est pour votre bien !

Souvenez-vous de *La Grande Bouffe*. Dans ce film de Marco Ferreri, quatre solides gaillards, quatre bon copains, décident de se retrouver au cours d'un week-end pour se faire littéralement péter la panse. Un suicide collectif qui se voulait gastronomique. L'overdose de nourriture certes, mais transcendée par une volonté de jouissance. Trente ans plus tard, notre suicide n'est ni gourmet, ni gourmand, mais hygiéniste. Dorénavant, on a besoin d'une justification pour se gaver. C'est donc sous couvert d'allégations nutritionnelles distillées par des industriels peu scrupuleux que l'on mange trop. Ces derniers n'hésitent pas à afficher moult billevesées sur leurs paquets afin de nous faire croire que leurs produits vont nous métamorphoser en athlètes dotés d'une taille de guêpe, d'un cœur en acier trempé, et d'un cerveau à faire pâlir d'envie Einstein. Les gens du marketing sont décidément sans scrupule. Après avoir utilisé des arguments psychologiques et affectifs pour nous vendre de la junk food, ils usent désormais de slogans qui intéresseraient notre santé pour nous vanter l'antidote de la nourriture poubelle qu'ils continuent tout de même à nous faire acheter. Ainsi, ils couvrent tout le marché de la bouffe, de la très mauvaise jusqu'à celle qui se prétend curative. Au final, ils ont réussi à moraliser la gourmandise. D'ailleurs, dans un récent avis, le CNA (Conseil national de l'alimentation) souligne que lorsque l'on évoque les questions de nourriture auprès des Français, c'est la notion de santé qui leur vient d'abord à l'esprit, devançant celle de plaisir[1]. La mauvaise conscience gagne chaque année du terrain grâce à une culpabilisation suscitée par les industriels.

Le cabinet XTC, spécialiste de l'analyse des lancements de produits, avance que 25,8 % des aliments dits innovants lancés en 2007 ont mis en avant les questions de « santé », contre 21,7 % en 2006, et 16,6 % au début des années 2000. Ces allégations modifient considérablement le rapport du mangeur à son alimentation. Il n'est plus question aujourd'hui de plaisir partagé autour d'une table bien dressée mais de respect quotidien des doses limites de graisse et de nutriments essentiels. La bouffe se départage en deux camps bien distincts. À ma droite, la perfide junk food dont l'ingurgitation massive ne peut qu'engendrer mal-être et obésité. À ma gauche, les prétendus bons aliments ou, pour le dire savamment, les alicaments qui, à grands coups d'acides aminés et d'oméga 3, sont censés prendre soin (de l'intérieur) de nos petits corps. L'industrie agroalimentaire a même entrepris récemment d'investir le créneau de la dermonutrition. Kézako ? Une solution miraculeuse permettant d'afficher un teint de pêche grâce à quelques cuillerées de yaourt. Les grands groupes agroalimentaires et cosmétiques se livrent d'ailleurs une bataille sans merci pour déterminer qui des premiers, avec

1. Baromètre alimentation 2006-2007.

leurs produits lactés, ou des seconds, avec leurs compléments nutritionnels, aura l'heur de soigner notre peau en agissant directement sur notre organisme. Et ce en attendant la barre chocolatée capable de rééquilibrer votre flore vaginale, le cassoulet prévenant les allergies, les céréales améliorant la santé bucco-dentaire ou encore la boisson luttant contre la maladie d'Alzheimer attendue à l'horizon 2010.

Tous les foyers français, sans exception, achètent et consomment des produits qui seraient bons pour la santé. 68 % des gens achètent des aliments pour faciliter le transit intestinal. Et ces produits magiques font un tabac auprès des quadras et des quinquas angoissés prêts à dépenser plus de 130 euros par an pour des margarines anticholestérol, du lait vitaminé ou des céréales enrichies.

Quant aux petites fioles « merveilleuses », censées apporter d'un simple geste la dose quotidienne de fruits et légumes, elles font un tabac. Malignes, les marques sont parvenues à détourner les messages du Programme national nutrition santé en jouant sans cesse sur l'ambiguïté. Un récent sondage mené par l'institut BVA avance que 54 % des sondés confondent le sens du message officiel avec le produit promu dans la publicité. Ils sont ainsi 44 % à penser, à tort, qu'une publicité pour un yaourt aux fruits accompagnée du message « manger cinq fruits et légumes par jour » signifie que ce yaourt fournit une portion de fruit. Or les apports en nutriments essentiels d'un yaourt trop sucré ne sont en rien comparables avec ceux d'un fruit frais. Cette mauvaise interprétation des messages publicitaires est encore plus prégnante chez les moins de quinze ans.

En attendant, ces aliments sont vendus une fois et demie plus cher que les produits basiques alors que leur efficacité n'est pas prouvée : sur les 590 allégations évaluées par l'AFSSA entre janvier 2000 et juillet 2008, seules 18 % ont été jugées justifiées par l'Agence. Or plus de 50 % d'Européens croient ces allégations dur comme fer. La proportion atteint même les 65 % quand ils ont confiance dans la marque. Une habile confusion des genres santé/marketing qui plonge les consommateurs dans un flou angoissant. Et comment s'y retrouver et surtout à qui faire confiance quand un grand groupe d'assurance maladie promet de réduire significativement la prime de ses assurés si ces derniers apportent la preuve de leur achat régulier de produits anticholestérol vendus par un géant de l'industrie agroalimentaire ?

L'engouement des consommateurs pour les produits santé est une conséquence directe de l'abandon de l'éducation alimentaire à l'industrie et à ses spots publicitaires. À l'heure du tout cathodique, la télévision décriée mais tant aimée conditionne nos choix. Et comme les temps sont à la culpabilisation, le marketing l'a bien compris et se fait plus pernicieux. Ainsi, quand une mère donne un yaourt certes trop gras mais survitaminé à son enfant c'est pour que le cher ange puisse

« bien grandir ». Sous-entendu, en le privant de cela, mauvais parents que vous êtes, vous allez sacrifier sa croissance sur l'autel de votre incompétence crasse. Jusqu'à présent les produits alimentaires ont joué sans vergogne sur la fibre santé, profitant d'une réglementation bruxelloise approximative qui leur permettait de vanter ce chocolat sans sucres (oui, mais bourré de matières grasses), ce yaourt riche en calcium (certes, mais hyper-sucré) ou cette sucette affichant crânement 0 % de matière grasse (mais taisant opportunément ses 100 % de sucre !). Confrontée à l'impact de ces allégations sur les acheteurs, la Commission a pris conscience de l'importance de légiférer plus drastiquement afin d'éviter ce qu'elle-même nomme une « tromperie du consommateur », c'est-à-dire une incitation à acheter un produit globalement déséquilibré parce qu'il met en avant un argument santé le plus souvent non prouvé. Bruxelles veut, à juste titre, limiter les citations officielles pour les produits qui ne sont ni trop gras, ni trop salés. Mais quid des produits trop sucrés ? Certains experts ont prétexté que les études épidémiologiques avaient du mal à établir un lien de causalité entre l'ingestion d'aliments sucrés et la santé[1]...

« J'aimerais de temps à autre que l'on revienne à des choses plus prosaïques et mécaniques, peste cet expert de l'AFSSA. Si vous mangez trop de sucre votre pancréas fabrique de l'insuline en

1. Le lien est cependant établi pour les sodas...

quantité, ce qui à force peut provoquer du diabète ! » En attendant, les céréales et les yaourts trop sucrés devraient encore avoir de beaux jours devant eux !

Second point noir, la question est de savoir dans quel pourcentage les aliments pourront être accompagnés d'allégations. Les industriels militent, sans surprise, pour un pourcentage élevé donc un nombre important de produits. Pendant ce temps, les associations de consommateurs veulent, elles, un taux relativement bas (20 % environ des aliments commercialisés). L'enjeu est de taille, car une législation trop permissive permettrait à des produits déséquilibrés d'être auréolés de vertus qu'ils n'ont pas.

En outre, les nutritionnistes craignent que la législation n'ait un effet pervers. En effet, si seuls des critères négatifs (ni trop de sel ni trop de gras) sont retenus pour l'établissement du profil nutritionnel, qui pourra empêcher les industriels d'informer sur des produits allégés en graisse ou en sel et enrichi artificiellement en vitamines ou en oméga 3 ? Autant dire que l'on pourrait voir fleurir nombre de céréales allégées en graisse mais enrichies en vitamines de synthèse.

Par ailleurs, après un lobbying efficace auprès du Parlement européen, les industriels ont obtenu de pouvoir apposer des allégations nutritionnelles sur un produit trop salé ou trop gras à condition de mentionner sur le même paquet la forte teneur de cet aliment en sel ou en gras. Bref, les sucettes trop sucrées pourront continuer à afficher qu'elles sont pauvres en graisse à condition de mentionner qu'elles sont riches en sucres... Aux consommateurs de se débrouiller avec ces informations contradictoires !

Enfin si les céréales et les sucettes devraient passer au travers des mailles du filet de la législation, ce n'est le cas ni du fromage, ni de certaines viandes... Des simulations montrent, pour la viande fraîche crue, que dans chaque espèce (bœuf, porc, etc.), plusieurs morceaux sont exclus car rangés dans la catégorie « mauvais profil » du fait de leur teneur en lipides comme en acides gras trans ! Idem pour le fromage. Notre bon vieux camembert, ainsi que l'emmenthal seront retoqués et ne pourront pas afficher qu'ils sont riches en calcium car ils sont jugés trop gras et trop salés suivant les critères retenus par Bruxelles ! Le fromage sera ainsi rangé dans la catégorie des mauvais aliments.

« Ce n'est pas grave, on fera des allégations santé sur nos fromages allégés », persifle cet industriel...

« Ou on fabriquera notre emmenthal avec des matières grasses végétales », s'amuse un autre !

Une chose est certaine, c'est qu'avec les meilleures intentions du monde, cette législation devrait aggraver la fracture qui existe déjà entre produits bruts, ou de première transformation, et produits industriels. L'emmenthal ou le camembert répondent à des recettes ancestrales et immuables. Et la viande ne peut faire varier son taux de graisse à l'envi. Par contre, les industriels auront la possibilité de jouer sur la recette des plats préparés et pourront faire croire, sous prétexte qu'ils sont pauvres en sel et en gras, que ces aliments sont équilibrés... Une véritable contre-performance de la législation quand on sait que le programme national nutrition santé n'a de cesse de faire revenir les Français aux produits bruts ou faiblement transformés...

Pourtant, Bruxelles semble avoir tout tenté pour assainir la situation actuelle, jusqu'à cette obligation de faire valider les allégations par un comité international d'experts. L'Autorité européenne des aliments a même décidé d'établir pour janvier 2010 une liste des allégations afin d'éviter les slogans farfelus. Les industriels de chaque État membre ont été sollicités afin de recenser les allégations primordiales. Ils en ont fourni 1 725 sans avoir fait aucun tri au préalable... À Bruxelles de séparer le bon grain de l'ivraie et d'identifier si oui ou non le « pruneau garantit le bon fonctionnement de l'organisme ». De fait, la liste fournie par l'UFC-Que choisir comporte plusieurs centaines d'allégations pour le moins étonnantes. On apprend ainsi que le café est non seulement « une source majeure d'anti-oxydants » mais qu'il contribue, en outre, à une « bonne hydratation qui maintient les performances mentales et physiques ». Quant au thé, « qui rafraîchit le corps et l'esprit », il « protège aussi contre les dégâts dus aux rayons UV ». Tous les aliments n'induisant pas directement de caries ou d'érosion de la plaque dentaire sont « favorables à la santé dentaire ». Les graisses, elles, sont « une source d'énergie ». Enfin, les produits comportant une certaine dose de vitamines « contribuent à une reproduction normale ». *Sic.*

Pendant ce temps, les scientifiques, eux, travaillent d'arrache-pied sur des concepts hasardeux de baguette coupe-faim et de yaourts envoyant à notre organisme des messages de satiété. Le monde semble devenir fou à force d'essayer de chercher des solutions miracles à ce qui ne devrait relever que du bon sens. Manger des produits laitiers pour le calcium, des fruits et légumes pour les vitamines, et cesser de manger lorsque l'on n'a plus faim. Faut-il que les industriels nous persuadent que notre vie quotidienne est triviale pour nous obliger à utiliser des aliments magiques ? Pourquoi chercher la solution à nos problèmes de régime alimentaire auprès d'aliments manufacturés ? Seule une nourriture équilibrée permet d'endiguer nos problèmes de mauvais mangeurs. Mais il est certain qu'il est plus aisé de croire en des produits « merveilleux », capables de sauver notre monde occidental de l'excès de nourriture, que de reprendre à la base l'apprentissage du goût.

En finir avec la pensée magique

L'acculturation dans le domaine de l'alimentation et même de la gourmandise fait que nous préférons croire à ce qui est écrit sur les emballages de ces produits prétendument vertueux. Cette facilité explique l'engouement des consommateurs pour ces produits dont l'efficacité est loin d'être prouvée.

« Vous mangez trop gras et trop sucré, mangez donc du light ! » La solution miracle à vos problèmes de poids vous est apportée sur un plateau d'argent par l'industrie agroalimentaire... Celle-là même qui vous aura fait grossir avec des produits déséquilibrés ! Il est temps de résister à la culpabilisation ambiante du gros, du gras et du glouton inventée par les industriels. Leur tactique est simple, elle consiste à s'engouffrer dans le boulevard de notre mauvaise conscience en nous incitant à acheter du maigre. En quelques années seulement ils sont parvenus à imposer les aliments « light » habilement mis en avant pour surfer sur les vagues d'inquiétude de notre société moderne. À l'heure de la tyrannie esthétique, chacun se doit d'afficher crânement un corps de mannequin, alors que la société n'a jamais tant compté de cas d'obésité. Débarquant avec leurs solutions clé en main, les spécialistes de l'agroalimentaire ont su fabriquer à l'envi tous les allégés possibles même les plus improbables comme les chips, les glaces ou les céréales... Apportant ainsi une réponse inadéquate et simplificatrice à un problème de société. Ces produits mensongers font d'ailleurs un tabac. D'après les chiffres fournis par l'institut TNS Worldpanel, les yaourts aux fruits 0 % tiennent le haut du panier. En

2005, ils ont été consommés par près de 60 % des foyers. Les fromages allégés, par 50 % d'entre nous. Les margarines « maigres » par 44 % et les beurres light par 32 % des Français.

Un marché juteux qui pesait la bagatelle de 1,75 milliard d'euros en 2003. En 2004, il aurait connu une légère baisse de régime. Mais aujourd'hui encore 3 Français sur 4 achètent au moins un produit allégé par an. Un quart d'entre eux en sont d'ailleurs devenus de gros consommateurs. Les plus « accros » étant les couples d'âge moyen (50-64 ans), aisés et prêts à tout pour conserver la ligne. Quant aux femmes, jeunes et moins jeunes, elles seraient sujettes à une consommation assez ciblée avant l'été... Au moment où les magazines féminins les enjoignent de perdre les quelques kilos superflus acquis durant les frimas hivernaux.

Beaucoup d'adeptes donc, alors même que la composition de ces produits relève de la tartufferie alimentaire. En effet, pour que ces ersatz restent appétissants, les industriels sont obligés de remplacer les graisses ou les sucres supprimés par d'autres ingrédients. « Autant dire que lorsque l'on réduit le taux de graisse, on augmente presque systématiquement la dose de sucre. Et quand on diminuc lc pourcentage de sucre, on incorpore davantage de graisse dans le produit fini », assène, un rien cynique, cette charmante nutritionniste de 40 ans qui a choisi de mettre ses connaissances au service de l'industrie en devenant l'un de leurs conseillers en communication. Or, la réglementation française actuelle, pour le moins indigente, ne permet pas de contrecarrer ces pratiques. Pour qu'un produit soit estampillé allégé, il doit comporter soit 25 % de moins de matières grasses, soit 25 % de moins de sucres que le produit traditionnel. Mais aucune obligation n'est faite aux industriels de signaler qu'un produit affiché « moins sucré » peut être « plus gras » que le produit normal et vice versa.

En outre, si le mot « allégé » est encadré par la loi, ce n'est pas le cas des termes de marketing comme fitness, minceur, forme... C'est ainsi que certains biscuits « fitness » fabriqués par une marque hexagonale bien connue sont, contre toute attente, plus gras et plus sucrés que les petits gâteaux nantais ayant bercé notre enfance.

Autre arrangement avec la vérité souvent pratiqué par les industriels : lorsqu'ils promeuvent de nouveaux produits prétendument allégés, ils choisissent eux-mêmes leurs référents. Telle boisson est ainsi vendue comme « deux fois moins sucrée qu'une boisson aux fruits », sans que l'on ne sache à quelle boisson concurrente les industriels font référence.

Leur dernière invention est encore plus perfide. Craignant que les produits trop gras et trop sucrés peinent à se départir de leur mauvaise image, les industriels ont multiplié les minipackagings. L'idée ? Vendre plus cher des minibarres chocolatées, des petites glaces, et autres céréales de petite taille sous le prétexte fallacieux que ces produits ainsi emballés contiennent moins d'une centaine de calories. Cette junk food en format mini fait déjà un tabac outre-Atlantique et devrait prochainement déferler en France. Le génie marketing est décidément sans limites. Il parvient à vendre plus cher des quantités de produits réduites sous prétexte que « moins de produits, c'est moins de calories » ! On n'y aurait pas pensé tout seul...

Spécialisés dans la solution miracle, les industriels le sont aussi dans le détournement des conseils en bonne nutrition. Il suffit qu'une étude de nutrition, relayée par deux ou trois célèbres chercheurs, mette au jour des problèmes physiologiques engendrés par la surconsommation d'un produit lambda comme le beurre, ou le sucre, pour que les industriels diabolisent aussitôt l'aliment en question en inventant un produit parade (comme les graisses végétales hydrogénées ou l'aspartame). Or ces substituts imaginés par l'industrie s'avèrent bien souvent plus néfastes pour la santé que l'aliment qu'ils étaient censés contrer. L'exemple du beurre est particulièrement significatif. Dans les années 1980, il fut mis au ban d'une alimentation équilibrée. Les préceptes diététiques prêchaient alors pour un remplacement des graisses animales par les graisses végétales, prétendument bien moins nocives pour l'organisme car riches en acides gras dits insaturés. Les arguments des experts en nutrition ont porté. La consommation du beurre n'a cessé de chuter passant de 9,7 kg par personne et par an en 1979 à 7,3 kg en 2006. Les consommateurs se sont massivement convertis aux vertus du gras végétal. Et les industriels ont pu, en toute bonne conscience, distiller des graisses végétales, bien moins onéreuses et beaucoup plus stables que les graisses animales, dans toutes les recettes de leurs produits. Les matières grasses végétales sont ainsi devenues d'incontournables ingrédients dans la fabrication agroalimentaire. Utilisées comme structurants, exhausteurs de goût, agents technologiques, elles se sont répandues largement dans la nourriture manufacturée et sont aujourd'hui présentes dans les sandwichs, les céréales, les viennoiseries, les crackers, les pâtes à pizza, les gâteaux, jusque dans les soupes déshydratées...

Or cette graisse végétale auréolée de toutes les vertus nutritionnelles s'est, à l'usage, révélée relativement nocive. En 2005, un premier rapport de l'AFSSA mettait les consommateurs en garde contre les effets néfastes[1] sur l'organisme des acides gras trans provenant des graisses végétales hydrogénées. Les scientifiques ont ainsi mis au jour la métamorphose du vertueux gras végétal en mauvaise graisse. Le procédé industriel d'hydrogénation, en permettant de solidifier les matières grasses d'origine végétale, entraîne une modification de leur caractéristique moléculaire. Une fois

1. L'excès de consommation d'acides gras trans provoque une augmentation du « mauvais » cholestérol, tandis qu'il induit une baisse du « bon » cholestérol. Une consommation élevée d'acides gras trans est donc associée à une augmentation du risque cardiovasculaire.

hydrogénée, la graisse végétale perd son séduisant statut d'acide gras insaturé, pour endosser celui, bien moins flatteur, d'acide gras trans. Un état de fait que les consommateurs ont longtemps méconnu. Une récente étude canadienne prouve que la consommation d'acides gras trans ne provient pas directement de l'ingestion de margarine mais de l'utilisation industrielle de graisses végétales dans la viennoiserie, les pizzas et les gâteaux, qui de ce fait contiennent un taux élevé de gras trans caché. Des données confirmées par les études de l'AFSSA qui prouvent que 40 % des acides gras trans proviennent de la consommation de viennoiserie industrielle, de biscuits, de plats cuisinés ou encore de barres chocolatées. Les premières victimes de ces mauvaises graisses sont les jeunes garçons de 3 à 14 ans, grands consommateurs de junk food. Ces derniers présentent une quantité anormalement élevée d'acides gras trans dans leur organisme. Et si les jeunes sont frappés de plein fouet par ce mal caché, les populations défavorisées le sont également. Les prélèvements réalisés par l'AFSSA démontrent qu'une margarine premier prix peut contenir jusqu'à 18,1 % d'acides gras trans quand une margarine de marque n'en contient que 3,6 %... Comment expliquer cet écart ? Les journalistes ont fait leur métier en dénonçant régulièrement depuis quelques années les méfaits des acides gras trans. Aussi, l'industrie agroalimentaire qui, jusque-là, feignait l'ignorance, jouant sans vergogne du « pas vu pas pris », a mené de nombreuses recherches pour diminuer la part de gras trans dans ses produits. Elle a d'ailleurs beaucoup communiqué sur ses vertueuses avancées par le biais de l'IFN (Institut français pour la nutrition). Et, de fait, la part de gras trans a beaucoup baissé dans les produits de marque achetés par les bobos qui se trouvent être également de fervents lecteurs de la presse spécialisée. Bref, pour que les bourgeois informés ne se détournent pas de ses produits, l'industrie a fait des efforts mais elle les a centrés sur son « haut de gamme ». Un scientifique de renom, longtemps rattaché aux laboratoires de recherches agronomiques français les plus prestigieux, offrant aujourd'hui ses conseils aux grands groupes industriels, souligne que si l'industrie agroalimentaire a pris des mesures pour réduire la part d'acides gras trans dans ses produits en utilisant notamment de nouvelles technologies (comme le fractionnement ou l'« interestérification »), elle les a réservées à ses denrées de marque étant donné le coût prohibitif de ces méthodes de substitution. Si l'IFN n'a eu aucune difficulté à obtenir des échantillons des produits de grandes marques pour réaliser ses tests, elle n'a reçu aucun des aliments manufacturés proposés par les hard discounters et les marques de distributeurs… Pourquoi ? Ces produits seraient-ils toujours riches en gras trans ?

Mais ce gras trans vilipendé n'est pas toujours remplacé par des ingrédients moins nocifs. Son effacement a ainsi permis l'émergence des huiles de palme, de palmiste ou de coprah, peu onéreuses et... tout aussi néfastes pour la santé.

Bien entendu, insister sur la présence d'acides gras trans dans les matières grasses végétales hydrogénées, ne doit pas nous faire occulter la présence d'acides gras trans dans les graisses animales. Cependant, d'après une étude comparative menée par l'INRA et publiée dans l'*American Journal of Clinical Nutrition* de mars 2008, seuls les acides gras trans technologiques augmentent les risques cardiovasculaires. Les acides gras trans issus d'un processus naturel, la bio-hydrogénation des ruminants, ne diminuent pas le bon cholestérol et n'affectent pas les lipoprotéines qui favorisent le dépôt de corps gras dans les vaisseaux sanguins.

Autant dire qu'il est préférable de manger des graisses animales en petite quantité que de croire fébrilement dans les solutions miracles fournies par l'industrie.

Vive la crise ? Petit précis de résistance alimentaire en temps de crise

Depuis deux ans déjà, le pouvoir d'achat est en berne. La crise financière aura achevé de nous projeter dans une phase de récession où les questions de nourriture deviennent plus que jamais cruciales. Mais cette crise angoissante pourrait paradoxalement présenter quelques aspects positifs en nous contraignant notamment à modifier durablement nos habitudes alimentaires. Dans les années 1920, puis au sortir de la Seconde Guerre mondiale, nombre d'ouvrages ont fleuri sur les mille et une façons de se nourrir à moindre coût et plus rationnellement. À chaque fois, ces livres rédigés par des ménagères intègres soulignaient la nécessité de revenir à la simplicité. Et si, pour une fois, nous écoutions nos vigilants ancêtres ? Certes, pour le moment nous paraissons encore bien attachés à un certain confort de vie que nous ont apporté les plats « traiteurs ». D'ailleurs, le chiffre d'affaires de ces produits continue à progresser cette année (+ 5,3 %) malgré la récession généralisée. Mais, à regarder de plus près les chiffres, on s'aperçoit que les ventes commencent à se tasser, voire à reculer. Comme si nous prenions enfin conscience que c'est en se détournant de ces produits-là qu'il est possible de réaliser des économies substantielles. Ce qui coûte le plus cher, c'est la préparation industrielle. Le produit brut, lui, reste relativement abordable. Il suffit de savoir l'accommoder. On peut donc aujourd'hui, malgré le prix élevé de certains produits alimentaires, manger sainement pour peu cher si l'on se donne les moyens d'éviter les pièges tendus par l'industrie. Il est nécessaire, tout d'abord, de se détourner de produits qui ne présentent aucun intérêt pour la santé ni pour le goût. On éjectera donc sans concession de nos caddies les sodas. Les nutritionnistes unanimes rejettent ces boissons trop sucrées ou, pis encore, trop riches en édulcorant. Boycottez également les jus d'orange industriels. « Un litre de jus d'orange manufacturé contient en moyenne 20 morceaux de sucre par litre », peste le docteur Laurent Chevallier[1], médecin consultant en nutrition et praticien attaché au CHU de Montpellier. Mieux vaut donc acheter deux ou trois oranges chez son primeur ou en grande surface et les presser soi-même. Inutile également de dépenser moult euros dans des yaourts aux fruits, bien trop sucrés. Choisissez plutôt d'agrémenter vos yaourts nature basiques de quelques fruits de saison, d'un peu de miel ou de sucre. Vous obtiendrez de délicieux yaourts, économiques et équilibrés. Évitez également les produits santé, les produits minceur, les plats préparés et toutes autres solutions miracles apportées sur un plateau d'argent par l'industrie agroalimentaire.

Une fois votre caddie vidé de ces produits inutiles, vous dégagerez du pouvoir d'achat pour des produits frais, certes onéreux mais indispensables à une alimentation équilibrée.

Lors d'un entretien réalisé avec le docteur Jacques Fricker, ce dernier me rappelait l'importance de revenir aux choses essentielles pour composer le menu de sa journée. Au petit déjeuner, rien ne sert notamment de manger des céréales siglées. Elles sont très onéreuses et riches en glucides rapides. Mieux vaut opter pour un simple morceau de pain car, contrairement aux idées reçues, le pain ne fait pas grossir. Entre 1950

1. Auteur de *Impostures et Vérités sur les aliments*, Fayard.

et 1996, la consommation de pain a chuté de 50 %. Pourquoi ? Parce que nous avons délaissé les sucres lents, persuadés qu'ils faisaient grossir, pour nous tourner vers des aliments trop riches en lipides. Du coup, on a banni le pain de nos assiettes alors qu'il s'agit d'un aliment très équilibré, pauvre en gras, et riche en fibres. Le pain est, par exemple, bien moins gras (et bien moins cher) que les biscottes. « Dans 100 g de baguette, vous avez 260 calories alors que dans 100 g de biscotte industrielle vous avez entre 370 et 400 calories », explique le docteur Pascale Modaï, nutritionniste.

De même, on peut se tourner vers les flocons d'avoine peu chers, et bons pour la santé puisque riches en sucres lents, en protéines et en fibres diminuant le cholestérol. Jacques Fricker souligne en outre que les flocons d'avoine ne contiennent que des bonnes graisses et favorisent le rassasiement. Et si on trouve ce petit déjeuner un peu fade, rien n'empêche d'accommoder les flocons d'avoine avec un peu de cacao en poudre, un soupçon de sucre ou encore de composer soi-même son muesli en ajoutant des fruits secs et de saison. Mélangé à un peu de lait ou un yaourt nature, ce petit déjeuner sera nettement plus équilibré et bien moins cher que les céréales chocolatées vendues par les industriels.

Il en va ainsi du goûter : une tranche de pain et une barre de chocolat sont mille fois préférables à n'importe quel petit gâteau de marque.

Pour obtenir un goûter de 300 calories, on a soit un quart de baguette de pain, soit 2,6 biscuits au chocolat. « Essayez de ne faire manger que deux biscuits à votre gamin de 8 ans, c'est tout simplement impossible ! Alors qu'avec du pain, deux-trois carrés de chocolat noir, vous avez un goûter équilibré qui le rassasiera davantage et vous coûtera moins cher ! » s'enflamme le docteur Modaï.

Pour les repas principaux, il faut ruser tant il est vrai que les aliments les plus riches en protéines sont également les plus chers. Mais on peut opter pour les viandes les moins onéreuses comme le porc. Ou encore consommer des œufs. « Contenant d'excellentes protéines, les œufs sont souvent accusés à tort d'être source de cholestérol. Or, seuls 10 % de la population sont susceptibles de voir leur cholestérol accru à cause d'une consommation excessive d'œufs », fait valoir le docteur Fricker.

Les poissons frais restent indéniablement chers. Mais on peut se tourner vers les poissons en conserve : le thon, les sardines, les maquereaux sont particulièrement riches en oméga 3. « Moins onéreux que la plupart des poissons frais, les conserves ont un excellent impact santé : une sole est beaucoup moins riche en oméga 3 que ne le sont les sardines à l'huile », constate le docteur Fricker.

Les féculents, eux, restent une valeur sûre. Peu chers, ils sont très intéressants pour la santé. Ce sont des aliments qui contiennent des protéines végétales de bonne qualité et des sucres lents.

« Les légumes secs et les pâtes sont les aliments les plus riches en protéines », souligne le docteur Jacques Fricker. Du coup, quand on fait des pâtes, on peut éviter la viande et la remplacer par un peu de fromage râpé. On peut aussi imaginer un plat de lentilles avec un peu de jambon seulement. Malin, le docteur Fricker recommande également de jouer sur la complémentarité des légumes secs et des céréales. « Les premiers manquent de méthionine quand les seconds sont pauvres en lysine. Les deux ensemble composent par contre un plat parfaitement équilibré. On mange ainsi des lentilles et du riz en Inde, du couscous et des pois chiches dans le Maghreb. » Des plats roboratifs, équilibrés et extrêmement bon marché.

Quant aux légumes frais, s'ils sont trop chers on peut, là encore, se tourner vers les conserves. Haricots verts, tomates, petit pois, flageolets supportent très bien la mise en conserve et sont bons pour la santé même si, en termes de goût, rien ne vaut le frais ! Quoi qu'il en soit, ces produits sont toujours plus sains et bien moins chers que n'importe quel plat préparé et autre poêlée de légumes concoctée par les industriels.

Le goût et l'envie

Mais pour résister au rouleau compresseur de la publicité, il faudrait retrouver le goût et l'envie. Le martèlement cathodique nous a fait sombrer dans un monde anxiogène où l'on est incapable d'écouter son propre corps et où la nourriture n'est plus que source de stress.

Qu'en est-il du plaisir, du goût et de la bonne chère ? Exit. Terminé. Le but de la nourriture n'est plus d'émoustiller les papilles, de ravir les estomacs mais de soigner ou, a contrario, de faire mal. Le repas n'est plus synonyme de plaisir, de désir, d'érotisme même, mais devient un haut lieu de culpabilisation. Chaque bouchée avalée est décortiquée, pesée, envisagée comme un coût ou un bénéfice dans la quête impossible du corps parfait. Les arts de la table sont de nos jours devenus éminemment suspects. D'ailleurs, en dégustant ce verre de chardonnay, on ne pense plus robe, cuisse ou cépage mais calories et taux d'alcoolémie tant l'on a sacrifié notre culture culinaire sur l'autel d'une pseudo-santé.

Sauf que ce ne sont pas les fils de bourgeois qui sombrent aujourd'hui dans l'obésité, mais les enfants de pauvres qui, privés de l'apprentissage du goût dans leur univers familial, sont tentés de s'empiffrer de yaourts censément enrichis en calcium mais bourrés de sucres plutôt que de déguster une faisselle au lait entier. Le matraquage télévisuel contribue non seulement à formater les menus des petits et des grands mais également à forger l'idéal alimentaire de nos bambins : adieu la pomme, bonjour les petits gâteaux bien gras enrichis en vitamines B12. Et si l'on proscrit l'aligot aveyronnais, trop gras et trop salé, on s'empiffre avec délectation de céréales prétendument parées de toutes les vertus. Mais se goinfrer d'alicaments pour soigner sa mauvaise conscience ne nous empêche pas de nous gaver de hamburgers. Demandez aux 8-12 ans de vous décrire leur repas dominical rêvé : 56 % d'entre eux plébiscitent le fast-food.

À bas la pub !

Pour parvenir à leur fin, les publicitaires sont prêts à tout et notamment à prendre les marmots et les ados par leur talon d'Achille. Quand elle cible les plus jeunes, la pub use et abuse des héros de dessins animés afin de promouvoir des produits de marque. Au pays merveilleux des emballages, un turn-over sans concession éjecte l'ogre gentil, au profit d'autres super-héros, alors même que le produit reste le même et qu'il est bien souvent trop gras, trop sucré et trop salé. Une célèbre marque de frites surgelées, désireuse de surfer sur la vague du succès du film de Dany Boon, vient ainsi de mettre en vente la première frite ch'ti !

Pour capter l'attention des adolescents, la publicité instrumentalise les idoles télévisuelles. Les présentateurs branchés jouent de leur notoriété pour vanter les mérites des hamburgers. Et l'effet est plus néfaste encore lorsque ce sont des athlètes ou des stars du ballon rond qui mettent leur aura au service de la promotion de la junk food. Un gardien de but de l'équipe de France a ainsi prêté (vendu) son image à une chaîne américaine de fast-food. Un grand buteur, à un soda. Un judoka, à un gâteau trop sucré. Ces produits déséquilibrés en sortent presque blanchis, tout auréolés qu'ils sont alors de l'image de ces corps sains.

Et comme si ce n'était pas suffisant, on courtise désormais ados et enfants par le biais de l'Internet, des jeux et des fonds d'écran à télécharger. Ou encore via les SMS. Une grande marque et un studio d'animation se sont ainsi récemment transformés en association de malfaiteurs à l'occasion de la sortie londonienne d'un long métrage destiné aux enfants. Le principe était simple mais infaillible : les bambins devaient envoyer par SMS ou par mail les codes *pins* de leurs confiseries afin de savoir s'ils avaient remporté un voyage de rêve à la découverte des studios... Ni vu ni connu, les marques ont ainsi enregistré nombre d'adresses mail et de numéros de téléphone mobile réutilisables à l'envi. Les publicitaires recourent également à des spots hilarants réservés aux seuls usagers du web, c'est-à-dire aux 10-15 ans devenus leurs cibles de prédilection. Les marques de soda lancent ainsi régulièrement des sites éphémères afin de lier leur image à un événement sportif d'envergure.

Les publicitaires ne reculent devant rien pour nous faire céder. Fantasme, culpabilité, désir. Dans ce monde merveilleux où le virtuel est roi, à chaque génération, chaque tranche d'âge, chaque anxiété répond un spot ciblé.

La femme de 40 ans vit dans l'angoisse permanente d'être abandonnée par un mari devenu indifférent ? Qu'à cela ne tienne. Pour retrouver ligne et bonheur conjugal, il lui suffit désormais de troquer ses tartines beurrées du petit déjeuner contre un bol de céréales allégées. Deux cuillerées de cet aliment merveilleux suffiront à lui faire arborer un sourire ravageur et une mine épanouie. Tant et si bien d'ailleurs que le mari reconquis sombrera immanquablement dans la jalousie, taraudé par le doute : « Mais qu'est-ce qui a bien pu changer dans sa vie ? » Les céréales allégées, c'est la transgression gourmande enfin autorisée. Un spot bien ficelé parviendrait presque à nous faire croire que l'orgasme est au fond du sachet.

Assez de cette overdose cathodique engendrant une boulimie de malbouffe ? Il faudra pourtant vous y faire puisque la suppression de la publicité après 20 heures sur le service public ouvrira des plages horaires plus vastes dans le privé. À moins que la crise ne les en dissuade, TF1 et M6 vont ainsi augmenter le volume de réclame sur leurs écrans de 144 min par jour à 216 min. À cette réforme s'ajoutera la mise en application sur les ondes françaises d'une modification de la directive européenne Télévision sans frontières votée en décembre 2006 par le Parlement européen. Nous allons ainsi passer de neuf minutes de publicité par heure à douze bonnes minutes. Et comme, dans le même temps, la durée d'antenne entre deux spots est raccourcie d'un quart d'heure, les industriels pourront désormais gaillardement nous bombarder de messages ineptes toutes les demi-heures. Fini le bon vieux temps où l'on avait quarante-cinq minutes de répit avant le retour inexorable de la coupure. Bonjour les films saucissonnés par trois tunnels publicitaires. Même nos chères *Femmes au foyer désespérées* pourraient bientôt voir leurs cinquante-deux minutes hebdomadaires interrompues par des spots ciblés sur le meilleur moyen de lutter contre le désarroi de la ménagère de moins de 50 ans. Seul le journal télévisé devrait être exempt de publicité. Autant dire que nos chères têtes blondes qui passent en moyenne 1 h 48 min devant la télévision en semaine, 2 h 46 min le mercredi et 2 h 54 min le samedi n'ont pas fini d'être exposées à la réclame.

Cette directive va, en outre, autoriser le placement de produits, c'est-à-dire la pernicieuse publicité clandestine. Largement répandue outre-Atlantique et tolérée au cinéma, cette pratique permet à des enseignes de faire de la propagande sans en avoir l'air. Ainsi, une grande chaîne de fast-food a pu jouir d'une réclame de choix en apparaissant dans un film de super-héros pour adolescents, pendant qu'une marque de soda crevait l'écran du dernier film d'animation d'un grand studio américain. Efficace ? Plutôt ! Une petite fille de 3 ans sortant du cinéma trépignait pour que son père l'emmène déjeuner dans cet antre de la nourriture américaine. Les héros des ados et des bambins deviennent le sésame idéal de la malbouffe. Jusqu'alors préservée, la télévision française devrait bientôt être confrontée à ces pratiques, directive européenne oblige. À Bruxelles, on se veut rassurant, arguant que tout cela est anodin puisque cette autorisation ne concernera pas les programmes destinés aux enfants. Sauf que les émissions de télé-réalité suivies passionnément par des gamins déjà addict ne sont pas considérées comme des programmes « jeunesse »... 71 % du temps que les bambins passent devant la télé sont constitués par des horaires qui ne leur sont pas destinés. Il est en outre devenu quasi impossible pour les parents de les surveiller puisque 32 % des enfants ont un poste de télévision dans leur chambre. Il sera bien difficile de lutter lorsque l'un de ces chanteurs en herbe s'affichera crânement une canette de soda à la main ou, pis encore, se mettra à vanter les mérites de ce nectar divin sans lequel il ne pourrait jouir d'un tel organe. La publicité clandestine sera, d'après l'association UFC-Que choisir, la porte ouverte au placement de sujets. C'est-à-dire à l'adaptation de scénarii de série ou à la préparation de répliques télévisées écrites dans le seul but de promouvoir les marques.

L'ère merveilleuse des hommes sandwichs cathodiques s'ouvre à nous...

L'industrie agroalimentaire devrait donc continuer en toute impunité d'engloutir des sommes indécentes dans la publicité télévisée (1,4 milliard d'euros en 2004). La seule arme à la disposition des Français pour lutter contre la malbouffe est la loi de santé publique 2004. Or, cette dernière a dû attendre près de trois ans pour voir la publication des décrets d'application portant sur son volet publicitaire. L'ANIA (Association nationale des industries alimentaires) a, en effet, déployé un féroce lobbying pour éviter d'avoir à s'inquiéter de questions d'éthique nutritionnelle. Si l'AFSSA et l'INSERM ont réclamé des dispositifs interdisant la publicité sur les produits trop gras et trop sucrés à destination des enfants, la seule chose que ces organismes aient obtenue quelque trois ans plus tard, n'est qu'une obligation toute symbolique de passer un encart incitant les consommateurs à faire du sport ou à manger des fruits et légumes. Consciente de l'inefficacité de la mesure, la ministre de la Santé et des Sports, Roselyne Bachelot, s'est déclarée, tout comme 74 % des Français, favorable à une interdiction de la publicité portant sur les aliments durant les programmes pour enfants. L'Angleterre s'y est d'ailleurs résolue depuis le 1er avril 2007 en prohibant la publicité pour les produits trop gras, ou trop sucrés avant, pendant et après les émissions destinées aux enfants.

A contrario, en France, une étrange collusion entre les chaînes de télévision, la grande distribution et l'ANIA bloque toute réflexion sur le sujet. Les industriels pratiquent la politique de la chaise vide, refusant de facto de participer à la réflexion, arguant du manque de sérieux scientifique de cette mesure. Les dirigeants de chaîne, craignant pour leurs financements, s'arc-boutent eux aussi contre cette proposition. La réalité est, elle, encore plus complexe. Les adhérents de l'ANIA sont très divisés. Une partie d'entre eux, fournisseurs de barres chocolatées et de sodas siglés, sont prêts à se racheter une virginité en se retirant totalement de la publicité pour enfants. Par contre, ils exigent de la part de leurs concurrents d'en faire autant. Logique. Si ce n'est que cette posture faussement vertueuse dissimule en fait une position intéressée. Ces industriels sont des fournisseurs de junk food. Ils ne peuvent donc prétendre à aucune allégation nutritionnelle. Par contre, leurs confrères proposent quelques aliments sains et équilibrés. Ces derniers sont donc prêts à vanter les mérites d'une partie de leurs produits, ceux qui en valent la peine, et de s'engager à cesser de faire de la publicité sur des produits trop gras et trop sucrés. Cette position permettrait en outre de sauvegarder les ressources publicitaires des chaînes télévisées.

Attention tout de même à ne pas sombrer dans l'angélisme. Pour que cette solution soit envisageable, il faudrait que des nutritionnistes indépendants puissent faire le tri entre les produits. Cette sélection ne devant en aucun cas être réalisée par les industriels eux-mêmes. Évidemment, il serait tentant de dire : supprimons toute publicité pour les produits manufacturés et ne gardons que celle concernant les aliments bruts. Mais tant qu'une éducation gustative n'est pas dispensée par l'école, cette posture est difficilement tenable. Les chiffres sont là. La jeune garde se délecte de produits tout faits. Aussi est-il préférable de la guider dans la forêt de ces aliments plus ou moins déséquilibrés, plutôt que de l'abandonner à des choix souvent difficiles.

Le combat sera rude car ni les industriels, ni les publicitaires ne souhaitent que l'État s'immisce dans leurs affaires pour les rendre plus vertueuses. Il le faudra pourtant. L'impact publicitaire est trop fort pour ne pas être canalisé. Les études réalisées par l'UFC-Que choisir sont sans appel. Elles démontrent que sur 200 spots ciblant les enfants, 90 concernent des produits gras et sucrés à tel point que les marmots deviennent « incollables » en publicité. Les trois quarts d'entre eux sont capables de décrire par le menu un spot sur leurs céréales préférées. Et s'empressent ensuite de les réclamer à leurs parents effondrés. C'est un fait. La publicité fabrique des obèses accros aux marques.

So sexy food...

Dans notre société, la nourriture doit, elle aussi, se plier à la tyrannie des sigles. Elle est devenue un objet de désir prétendument capable de vous transformer en sujet de désir. Pour 81 % des Français, un produit de bonne qualité est un aliment bien emballé, ayant une apparence flatteuse. D'ailleurs, l'alimentation n'a jamais été si « aguichante » et, dans le même temps, si fade qu'aujourd'hui. Comme si le goût avait été sacrifié sur l'autel de votre sex-appeal et de celui de votre produit. Le bon gras, celui qui donne du goût aux aliments, est désormais expurgé, banni, honni parce qu'accusé d'engendrer cellulite et bourrelets disgracieux. Adieu coulommiers, vacherin et autres fromages bien coulants. Bonjour camembert formaté et allégé. Et ceux qui croient encore à la possibilité d'un retour aux sources sont sans aucun doute les plus dupes de tous. De fait, à peine évoqué par des bobos en mal d'authenticité, ce désir longtemps refoulé est déjà récupéré par les industriels qui, flairant un ras-le-bol généralisé, ont habilement troqué leurs packagings branchés contre des emballages « terroir ». À l'intérieur ? Toujours le même produit aseptisé. Qu'importe ! puisque grâce à ce subterfuge, nous avons l'impression de nous émanciper des codes industriels et de retrouver le bon goût d'antan. Bref, en achetant ces cristaux de sel avec leur joli petit bouchon en liège, ou ce beurre soi-disant baratté à l'ancienne, avec une vieille Bretonne en coiffe sur le paquet, nous nous sentons l'âme de révolutionnaires gastronomiques... Alors même que notre retour à l'authentique n'aura jamais été aussi toc. Les marques multiplient les allusions à leur gloire passée, mettant en avant le patronyme, mieux, le prénom, de leur illustre fondateur ; rappelant leurs cent ans d'histoire, pour mieux nous faire croire que ces produits industriels modernes auraient pu être fabriqués par une jeune femme en coiffe et en sabots tout droit sortie du XVIe siècle. Entourée de sa marmaille laborieuse mais néanmoins gourmande, cette cuisinière d'un autre temps prépare amoureusement ses yaourts après avoir trait sa vache aux premières heures de l'aube pour en tirer un lait 100 % naturel !

Ce recours au passé, au terroir est certes mensonger mais il répond à nos demandes paradoxales. D'un côté nous réclamons l'authenticité mais, de l'autre, nous voulons plus que tout un produit rassurant en termes d'hygiène, un aliment zéro défaut. Or, ces produits, qui n'ont d'anciens que leurs emballages passéistes, permettent de combler ces désirs inconciliables. Il est ainsi devenu possible de « s'encanailler » à peu de frais puisque, à l'intérieur de ce joli paquet, on est désormais assuré de retrouver chaque fois le même produit estampillé zéro défaut. Pas d'aléas climatiques ni saisonniers pour ces aliments industriels. Pas de mauvaise surprise en fait. D'ailleurs, même lorsqu'il s'agit d'aliments dits naturels comme les légumes, notre désir d'authenticité est moins fort que notre volonté d'avoir un produit parfait. Ravi d'avoir troqué le sinistre chou-fleur hybride contre un beau Martinet (variété de terroir), ce maraîcher de Saint-Omer a pourtant dû se rendre à l'évidence : les gens lui réclamaient toujours de l'hybride, plus blanc, plus gros, plus beau quoi ! On peste contre l'uniformisation des carottes mais on rejette les variétés de Tilques, trop grosses et trop informes. Quant aux endives de pleine terre, elles sont trop sales, et barbantes à nettoyer. Contrairement à ce qu'il prétend, le consommateur ne veut plus aujourd'hui acheter des carottes encore pleines de terre, des nectarines qui ne seraient pas toutes de la même taille. Conscients de cette évolution de la société, les producteurs se sont équipés de machines sophistiquées capables d'ensacher, de laver, de calibrer, et même de calculer le taux de maturité du fruit en surveillant sa surface colorée. Le but ? Traquer le légume difforme. Marginaliser et bannir des étals le fruit moche. Dans cette société du paraître, la bouffe, même 100 % naturelle, se doit d'être glamour. Le goût est secondaire. Alors fini le temps de la tomate banale mais goûteuse à souhait, bonjour les tomates cerises, pigeons, en grappes, jaunes, vertes, noires... Le tout emballé dans une jolie boîte en plastique. Désormais, pour les légumes comme pour le reste, l'apparence est primordiale, et la concurrence rude.

En outre, sacrifié sur l'autel de la beauté, notre désir d'authenticité l'est aussi sur celui de la praticité. Un tantinet faux jeton, on réclame le retour à l'âge de pierre, arguant que rien ne vaut le goût du poisson entier, de la carotte fraîchement râpée ou de la purée faite maison, pour mieux se ruer sur les salades en sachet, les purées lyophilisées ou les plats cuisinés.

On est foutu, on mange trop. Le chanteur Alain Souchon nous avait pourtant prévenus. Ce qu'il n'avait pas prévu, par contre, c'est qu'on s'engraisserait en pensant s'éduquer, qu'on ferait du gras en pensant se faire du bien. Voilà tout le paradoxe d'une société qui, dans sa quête de minceur et de santé, est devenue obèse et boursouflée...

Oubliant un peu vite que, sous leur air avenant, les produits modernes dissimulent souvent une face cachée.

3

La face cachée des aliments

Des emballages pas emballants

Le développement de l'achat en grande surface a propulsé l'emballage au firmament de l'économie française. Le produit alimentaire, comme n'importe quel produit de grande consommation, se doit désormais d'être tout à la fois séduisant – pour capter l'attention du consommateur – et hygiénique – pour mieux se conserver. Devenu un sous-produit incontournable de notre façon contemporaine d'acheter des aliments, l'emballage est omniprésent dans les rayons de nos supermarchés. Une place de choix qui a permis à cette industrie de devenir l'un des mastodontes de l'économie hexagonale. Avec près de 20 milliards d'euros de chiffre d'affaires en 2007, plus de 110 000 employés et des exportations en hausse constante (4,8 milliards d'euros), l'emballage pèse lourd dans l'économie française. Et ce grâce à la nourriture de grande surface qui engloutit près de 65 % du volume total des emballages utilisés en France.

Pendant ce temps, les déchets engendrés par ces derniers s'amoncellent jusqu'à peser 4,4 millions de tonnes par an... Des ordures qui posent d'infinis problèmes de recyclage.

Qu'importe ! Puisque, d'après les experts, la présence toujours plus grande des emballages serait la preuve irréfutable de l'évolution de l'espèce humaine... Un ingénieur en chimie des matériaux d'une cinquantaine d'années, dont la vie entière a été dédiée aux précieux emballages, m'expliquait, sans une once d'ironie, mais non sans un certain darwinisme, que c'est à leur utilisation des emballages que l'on reconnaît la suprématie des hommes sur les animaux et de certaines catégories d'humains sur les autres... D'ailleurs, selon ces adeptes du tout plastique, nous aurions bienheureusement quitté l'âge de pierre de l'alimentaire en abandonnant les sinistres feuilles de papier journal qui autrefois servaient d'emballage à la tranche de foie de veau comme au filet de merlan. En conditionnant notre nourriture dans l'écrin zéro défaut qu'elle mérite, nous serions enfin entrés de plain-pied dans l'âge d'or de l'hygiène. Autant dire qu'à l'heure des grandes peurs alimentaires l'emballage est arrivé à point nommé pour endosser le rôle clé de garde-frontière microbien capable d'offrir des dates limites de conservation hors concours aux mets jadis éminemment périssables.

Pourtant, de plus en plus de chercheurs émettent des doutes sur l'innocuité des emballages. De nombreuses molécules présentes dans la composition des paquets ont tendance à migrer dans la nourriture.

À la croisée des chemins entre hygiène, économie et écologie, l'emballage éprouve bien des difficultés à faire coïncider intérêt financier et intérêt public.

Indissociable de notre conversion à l'achat en grande surface, l'emballage est une carte maîtresse de notre consommation rénovée. Il est bien rare, de nos jours, que l'on fasse quotidiennement ses courses de viande ou de légumes chez le boucher ou le primeur du quartier. Les nouveaux consommateurs préfèrent se rendre au supermarché afin de remplir pour la semaine leurs réfrigérateurs avec des produits savamment emballés pour durer. L'emballage est ainsi devenu le corollaire indispensable du concept de libre-service et de longue conservation lancé par la grande distribution. Très largement utilisés, les matériaux plastifiés sont pourtant très faiblement recyclables (moins de 20 %). Seuls les bouteilles et les flacons le sont. Les films plastiques, les barquettes protégeant viande et plats cuisinés ne le sont pas. Pour qu'ils le deviennent, il faudrait préalablement les laver. Mais « gâcher de l'eau pour pouvoir recycler serait une aberration écologique », souligne Bernard Hérodin directeur général d'écoemballages. Ce dernier se veut pourtant rassurant, arguant que depuis 1997 les tonnages d'emballages ont diminué en moyenne de 1 % par an. Entre 2003 et 2006, la consommation d'emballages s'est réduite de plus de 236 000 t, soit d'un peu plus de 5 % en trois ans. Les consommateurs se font conso-acteurs. Ils privilégient notamment les fontaines sur les bouteilles d'eau qui, depuis trois ans, accusent un recul de 10,6 %. En outre, les industriels de l'alimentaire semblent avoir enfin compris qu'ils avaient intérêt à vendre moins de contenant et plus de contenu. Le poids moyen de la bouteille d'un litre et demi a ainsi diminué de 23 % depuis 1994 et celui de la canette en acier de 11 %. Cependant, il ne faudrait pas se laisser aller à une euphorie réductrice. Cette diminution du tonnage d'emballages est surtout due à la baisse de la tabagie (moins de paquets de cigarettes vendus) et à la chute du nombre de bouteilles, canettes et fioles de spiritueux. Dans le même temps, la multiplication des foyers composés de célibataires (32,3 % de foyers français) réclamant toujours plus de plats individualisés, portionnés et pratiques à utiliser, ne plaide pas pour une diminution de l'emballage.

L'engouement pour le packaging traduirait tout à la fois notre désir d'hygiène et notre addiction à la société de surconsommation. Omniprésents dans nos linéaires, les emballages remplissent une double mission : celle de cocon sanitaire de nos aliments mais aussi et surtout celle d'écrin séduisant capable de déclencher l'acte d'achat. C'est justement ce double statut qui préoccupe les spécialistes. Catherine Joly, maître de conférences à l'ESIEC (École supérieure d'ingénieurs en emballage et conditionnement), explique ainsi que la fabrication des emballages a tout de la recette de cuisine : « Ce sont des grandes chaînes de polymères auxquelles sont ajoutés de nombreux additifs ayant pour but de fournir aux produits finis des propriétés tout à la fois utiles (longue conservation) et esthétiques. » Or, pour ce chercheur, il serait préférable que les industriels se focalisent davantage sur les questions sanitaires que sur la beauté du conditionnement. « C'est le jeu du marché, déplore Koni Grob, expert sur ces questions auprès de l'AFSSA. Il faut concevoir des packagings toujours plus clinquants pour s'assurer de vendre mieux ses produits. C'est une posture cynique mais défendable dans notre société ultralibérale. Elle ne me choquerait pas si les industriels s'assuraient également de l'innocuité de leurs emballages. Il leur suffirait pour cela d'investir dans une recherche scientifique ad hoc ne serait-ce qu'un millième des millions d'euros versés pour le marketing. »

Recherche que les industriels ont toujours rechigné à entreprendre. D'ailleurs, jusqu'au milieu des années 1990, les entrepreneurs ne se sont pas réellement posé la question de la toxicité éventuelle de leurs emballages. Certains d'entre eux, contrôlés par le laboratoire cantonal de Zurich, se montraient aussi étonnés que navrés de constater que leurs emballages avaient une fâcheuse tendance à migrer dans la nourriture. Cependant, aujourd'hui encore, les entreprises se montrent réticentes à livrer la formulation de leurs emballages. Comme si ces « recettes » relevaient du secret industriel de première importance. « C'est absurde », s'emporte Koni Grob, qui explique qu'il lui faut moins d'une demi-heure pour trouver la formule des emballages testés. Un état de fait qui devrait évoluer rapidement puisque, depuis l'été 2008, les industriels sont obligés de fournir une attestation d'aptitude alimentaire (ils doivent tenir à la disposition des autorités, comme à celle de l'acheteur, une description précise des caractéristiques de l'emballage utilisé). Cette attestation présente un double avantage : tout d'abord, les emballages sont enfin « traçables », ce qui permet en cas de problème de remonter beaucoup plus aisément la chaîne des causalités et d'éviter que les fournisseurs d'encre, de colle et d'emballage stricto sensu se renvoient indéfiniment la balle. En outre, les produits d'importation et notamment les produits chinois dans lesquels on retrouve souvent des doses importantes de phtalates (un plastifiant cancérigène entraînant des baisses de fertilité) seront plus sévèrement contrôlés. La vertu devrait donc l'emporter sur la tactique du « pas vu pas pris ».

La législation régissant les matériaux plastiques est d'ores et déjà relativement rigoureuse. N'ont le droit de cité sur les listes établies au niveau européen que les substances dûment contrôlées par les autorités sanitaires. Avant sa mise sur le marché, toute nouvelle molécule doit être évaluée par l'AFSSA. L'organisme réalise une batterie de tests dans le but de s'assurer que ces matériaux ne sont pas cancérigènes ni mutagènes (capables de produire des mutations) et que la migration n'excède pas 50 ou 60 µg/kg. En cas de trop forte migration, les experts demandent un complément de tests aux industriels qui, bien souvent, préfèrent abandonner d'eux-mêmes les molécules douteuses. L'AFSSA a également pour mission de vérifier que la substance découverte ne détériore pas le goût de l'aliment. « C'est un contrôle qu'on ne pratique pas », s'amuse un ancien expert de l'AFSSA. « Les industriels ne sont pas fous, ils savent pertinemment que les consommateurs ne rachèteront pas un produit dont ils estiment qu'il n'a pas bon goût. » C'est d'ailleurs ce qui s'est passé avec le styrène contenu dans les pots de yaourts en plastique : il laissait un arrière-goût amer dans les produits lactés.

Koni Grob reste pourtant très circonspect concernant cette réglementation. « Admettons que nous ayons évalué 2 000 ou 3 000 substances. Sur une seule résine, on peut en trouver jusqu'à 8 000. Les résines utilisées pour la fabrication des boîtes de conserve représentent environ 20 000 molécules. » Autant dire que de nombreuses substances passent au travers des mailles du filet de l'Autorité européenne de sécurité des aliments (AESA). Les industriels auraient dix ans d'avance sur la législation. Et au rythme des 50 dossiers traités chaque année par l'AFSSA, ils ne risquent pas d'être inquiétés de sitôt.

De plus, les enjeux commerciaux n'ont jamais fait bon ménage avec le temps long de la science. Ainsi, pressés de lancer leurs nouveaux conditionnements conçus pour préserver deux, quatre ou cinq ans les aliments, les industriels mettent leurs emballages dans des simulateurs ou accélérateurs. Le but étant d'obtenir en un mois des tests qui auraient dû prendre cinq ans. Or, pour Koni Grob, la plupart de ces tests sont inopérants et, en tout état de cause, ne permettent pas de prédire les migrations qui pourraient intervenir dans deux ou dix ans.

Quant aux contrôles, ils sont largement insuffisants. Un ancien expert de l'AFSSA ironise sur le fait que la France ne dispose que d'une personne à la DGCCRF (Direction générale de la concurrence, de la consommation et de la répression des fraudes) pour effectuer ces vérifications quand l'Allemagne en compte près de 200. Les autorités françaises ont donc misé sur l'autorégulation plutôt que sur le contrôle... C'est sans aucun doute faire montre d'un grand optimisme.

Enfin, si les nouvelles molécules sont effectivement inscrites sur des listes, de nombreux produits néoformés – des substances apparaissant lors du processus d'industrialisation ou de conservation – échappent à la vigilance des experts. C'est ainsi qu'en 2003 des contrôles de routine ont permis de détecter la présence de semicarbazide – une substance cancérigène – dans des petits pots pour bébés. Le responsable de cette migration était l'azodicarbonamide, une substance utilisée comme agent « gonflant » des joints en PVC. En se dégradant, l'azodicarbonamide générait du semicarbazide qui migrait des joints vers les aliments lors de la stérilisation du produit fini. Il aura fallu attendre cette crise pour qu'une directive européenne suspende l'utilisation de cet additif.

Autre substance problématique : l'ESBO (huile de soja époxydée). Elle est utilisée dans la composition des joints ou du PVC alors même que l'on sait que ce matériau a tendance à migrer dans les produits gras. Pesto et autres tomates séchées sont donc bien souvent enrichis en ESBO. D'ailleurs, comme aucun industriel ne respectait la norme, les autorités européennes se sont montrées très tolérantes, autorisant jusqu'à l'été 2008 des migrations d'ESBO de 300 mg/kg au lieu des 60 mg/kg prévus par la réglementation.

Enfin, les autorités ont également donné l'autorisation d'utiliser l'ESBO comme additif dans la formulation des plastiques ainsi que des vernis et ce, sans avoir préalablement testé les réactions de cette substance à haute température. Le laboratoire cantonal de Zurich a pourtant identifié des produits de réaction dus à un chauffage de l'ESBO. Or, l'ESBO est porté à haute température lorsqu'il est utilisé comme composante du PVC ou dans la cuisson du vernis des conserves. Quid de la toxicité de ces sous-produits ? « La seule chose dont on puisse être certain, c'est que l'on sait que l'on ne sait pas », déplore Koni Grob.

Mais le pire est sans doute à venir. Le cauchemar des paquets envahissants pourrait prendre une ampleur encore plus angoissante si les autorités européennes venaient à baisser leur garde. De fait, les industriels rivalisent d'ingéniosité pour créer des emballages intelligents. On en connaît déjà certains passés dans notre quotidien comme la puce fraîcheur capable de moucharder une rupture de la chaîne du froid. Ou les absorbeurs d'oxygène qui, nichés dans vos capsules de bière, sont censés éviter une « débullisation » fatale de votre boisson. Les absorbeurs d'humidité et de rancidité veillent, eux, sur vos produits laitiers pour en améliorer la conservation. Mais toutes ces innovations ne sont encore que broutilles à côté de ce qui se fait déjà au Japon et aux États-Unis. Ces pays convertis au néomodernisme multiplient l'utilisation de paquets « piégeants » tels que les absorbeurs d'odeurs – pratiques pour masquer les fumets d'ammoniac d'un poisson qui se décompose – ou au contraire, les diffuseurs d'additifs alimentaires et d'arômes, usités pour donner un peu de saveur à une nourriture industrielle qui n'en a plus. Autant de fabuleux emballages dont le seul but est de leurrer l'acheteur.

La boucle hygiéniste, elle, pourrait être enfin bouclée. Au Canada, dix universités et de nombreux fabricants de papier travaillent d'arrache-pied à la mise au point de matériaux bioactifs capables de déceler, voire de désactiver listeria, salmonelles et autres bactéries nocives présentes dans les aliments... Autant dire que l'on crée des protocoles sanitaires complexes qui ne parviennent pas à éradiquer totalement la présence de certaines bactéries, mais l'on rassure le consommateur en brandissant la solution miracle de l'emballage tueur... En attendant de leur annoncer dans quelques années que certains matériaux présents dans ces emballages sont dangereux pour la santé.

Les toxicologues, eux, se veulent rassurants, arguant que la toxicité des migrations des particules présentes dans les emballages serait infinitésimale au regard de la dangerosité des pesticides contenus dans notre nourriture.

Alors, après tout, restons zen. Et continuons à ingurgiter gaiement cette nourriture prétendument zéro défaut. Vous reprendrez bien un peu de phtalate avec votre DDT ?

Ils sont partout ! Gare aux additifs

E100, E297, E321, E495, E650, E967... En regardant de près la liste d'ingrédients dissimulée à l'arrière des paquets servant d'emballage aux aliments manufacturés, on découvre une débauche de « E ». Affichée avec discrétion, cette lettre apparemment anodine suivie d'une kyrielle de chiffres n'est que très rarement explicitée par les industriels. Et pour cause. Cet inventaire à la Prévert permet de cacher les mystérieux additifs alimentaires. Suivant la définition fournie par l'AFSSA, il s'agit « d'une substance que l'on n'a pas l'habitude de consommer comme aliment ni d'utiliser comme ingrédient dans l'alimentation mais qui est ajoutée dans un but technologique au stade de fabrication, transformation, préparation, traitement, conditionnement, transport ou entreposage des denrées ». Autant dire que colorants, conservateurs, antioxygènes, acidifiants, émulsifiants, gélifiants, épaississants, texturants, phosphates, exhausteurs de goût, agents d'enrobage, hydrogène, édulcorants... se retrouvent dans la composition de bonbons, crèmes brûlées et autres plats préparés.

Les autorités sanitaires se veulent rassurantes, arguant que ces substances sont dûment testées avant de pouvoir figurer sur la liste répertoriant les 300 additifs autorisés au niveau européen. De plus, les additifs les plus anciens et les plus problématiques, comme les colorants, sont aujourd'hui soumis à de nouveaux tests par l'EFSA (autorité européenne de santé des aliments). D'ailleurs, selon Fernando Aguilar, membre de l'unité d'évaluation des risques physico-chimiques de l'AFSSA : « Les additifs sont extrêmement surveillés et contrôlés. » Un optimisme que ne partage pas le docteur Laurent Chevallier. Ce dernier regrette le surdosage de chimie dans nos assiettes et le peu d'informations fournies aux consommateurs. « La concentration des additifs n'est même pas mentionnée sur les étiquettes », déplore le nutritionniste qui s'interroge « sur les effets à long terme de ces produits sur notre organisme ». D'ailleurs, certaines molécules pourtant autorisées par les administrations de contrôle seraient problématiques. C'est le cas notamment des sulfites (E220-E228), couramment utilisées comme conservateurs par les industriels en raison de leur efficacité et de la faiblesse de leur coût. De l'avis même des spécialistes de l'AFSSA, ces substances « ont une action sur les mécanismes déclenchant les allergies ». Pour le dire simplement, « on les accuse d'engendrer maux de tête, troubles respiratoires et digestifs », énonce le docteur Chevallier. Quant aux nitrites (E249-E252), utilisés par les industriels pour empêcher notamment la contamination des jambons par la bactérie provoquant le botulisme, elles auraient une fâcheuse tendance à se métamorphoser en nitrosamine – substance potentiellement cancérigène – lorsqu'elles sont en contact avec certains acides aminés. « Jusqu'à présent, la production de nitrosamine n'a été démontrée que dans des conditions expérimentales (c'est-à-dire en laboratoire) », tempère le docteur Aguilar. Mais peut-on être certain que cette réaction chimique ne se produira pas dans les denrées alimentaires ?

Angoissantes, ces révélations ne sont pourtant que broutilles à côté du cas de l'aspartame. Cet édulcorant est en effet au cœur d'une vaste controverse scientifique depuis qu'en 2005 des chercheurs de la fondation Ramazzini ont publié une étude apportant la preuve d'un risque accru de cancer chez les rats consommant de l'aspartame. La méthodologie de l'étude a été immédiatement contestée par certains spécialistes qui ont dénoncé la conservation des rats jusqu'à leur mort naturelle. « Afin d'éviter les pathologies associées à la vie en laboratoire, les protocoles actuels ne laissent jamais les animaux aller jusqu'au terme de leur existence », commente Fernando Aguilar. Autant dire que l'on tue les rats avant qu'ils ne meurent naturellement afin d'éviter des maladies qui pourraient être imputables à la vie en laboratoire plutôt qu'aux expériences menées sur eux. Argument fallacieux pour le chimiste toxicologue André Cicolella pour qui cela équivaudrait à refuser de comptabiliser les cancers survenant après 65 ans… « C'est l'argument qu'on nous a trop souvent servi pour les cancers professionnels : ils ne sont pas apparus pendant votre période active, on ne peut donc pas les prendre en considération… », peste André Cicolella. Bref, pour ce spécialiste, les rats ont pu être contaminés par les additifs mais ont mis un certain temps à déclencher leur maladie… L'EFSA (European Food Safety Authority) a pourtant jugé l'étude irrecevable et a conclu à l'innocuité de l'aspartame. En septembre 2007, ces mêmes chercheurs publient dans *Environmental Health Perspectives* – revue scientifique à comité de lecture – des résultats mettant en exergue l'influence nocive de l'aspartame sur la femme enceinte. Les fœtus soumis à des consommations *in utero* de l'édulcorant présenteraient beaucoup plus de risques de développer dans leur vie adulte un cancer du sein, une leucémie ou un lymphome.

L'AFSSA reste étonnamment silencieuse, refusant de commenter cette étude sous prétexte qu'elle présenterait les mêmes défauts méthodologiques que la précédente. « Le respect du principe de précaution exigerait pour le moins que l'AFSSA communique sur les résultats de cette recherche, regrette André Cicolella. On parle ici d'une épidémie potentielle de cancers qui surviendrait dans vingt, trente ou quarante ans », souligne le chimiste-toxicologue. Mais les intérêts industriels sont importants. L'aspartame est non seulement moins cher que le vrai sucre mais, en outre, cette substance est un très bel outil marketing. En ces heures où il ne fait pas bon être replet, l'allégation « allégé en sucres » est vendeuse. Pourtant, de nombreux travaux scientifiques tendent à démontrer que l'aspartame ne fait pas maigrir puisqu'il renforce l'appétence pour la saveur sucrée tout en ne permettant pas aux mécanismes de satiété de jouer leur rôle. « Quand on a faim, on connaît une chute du taux de sucre de 5 à 10 %. En mangeant, l'organisme reconnaît le sucre et nous indique qu'il est temps d'arrêter d'ingérer de la nourriture. Or l'aspartame berne ces rétrocontrôles et augmente les fringales », constate le docteur Chevallier. D'ailleurs, ce dernier met en avant l'étude américaine « Correction » menée sur des adultes consommateurs de sodas light. Les résultats de la recherche présentés à San Diego en 2005 démontraient que les buveurs de boissons allégées riches en édulcorants grossissaient davantage que ceux qui n'en consommaient pas.

Les enfants aussi sont victimes des effets délétères des additifs. Une étude publiée en septembre 2007 dans *The Lancet*, et menée sur 153 bambins âgés de 3 ans et 144 de 8 à 9 ans, apportent ainsi la preuve que les colorants exacerbent les comportements hyperactifs des plus jeunes. Les chercheurs ont testé des mélanges de colorants afin de refléter au plus près la consommation des enfants. Ce faisant, ils ont mis en exergue une des carences majeures du système de contrôle actuel. Chacune des 300 substances présentes sur la liste légale a effectivement été testée, mais l'a été indépendamment des 299 autres. Autant dire que les autorités sanitaires font comme si ces additifs n'interagissaient pas entre eux… « Il ne viendrait jamais à l'idée d'un médecin prescrivant un médicament à son patient d'éluder la question de savoir quel type de remède il prend déjà », remarque le docteur Laurent Chevallier. Les spécialistes de l'AFSSA, gênés, argumentent sur la difficulté à établir toutes les combinaisons possibles entre les 300 molécules de la liste…

Quant aux doses journalières admissibles, elles sont calculées à partir d'études menées sur des échantillons de population censés être représentatifs de la consommation des Français. Ces travaux tentent de prendre en compte les grands monophages adeptes par exemple du tout light. Mais y parviennent-ils toujours ? « Malgré des marges de sécurité élevées, certains groupes de population risquent de dépasser la dose journalière admissible », commente Laurent Chevallier. Et le nutritionniste d'énumérer les populations « à risque » : « Les diabétiques et les allergiques ayant tendance à se nourrir d'aliments identiques afin d'éviter le déclenchement de troubles ou encore les enfants, grands consommateurs de bonbons et autres friandises riches en colorants. » « Comment évaluer pour chacun l'absorption réelle des additifs pris individuellement ? » s'inquiète Laurent Chevallier.

Face à ces nombreuses incertitudes, il est urgent de revenir à une nourriture équilibrée faite d'aliments frais non transformés et de limiter sa consommation de produits manufacturés.

4

La bouffe normalisée

Pour pouvoir en toute quiétude éradiquer le bon goût, il fallait, au préalable, avoir assassiné le goût avec subtilité. Les intérêts des industriels et d'un hygiénisme jusqu'au-boutiste se sont donc rejoints sur la quête d'un aliment zéro défaut, capable de se conserver sans sourciller et dont la fabrication nécessitait le moins de main-d'œuvre possible. Ainsi, pendant qu'elle gagnait en traçabilité et en maîtrise des coûts, la nourriture s'est progressivement normalisée, standardisée pour devenir chaque jour plus aseptisée.

La gastronomie sacrifiée sur l'autel de l'hygiénisme et de la rentabilité

Entre le désir de rentabilité et la peur d'empoisonner les clients, la restauration a été sacrifiée sur l'autel de l'hygiénisme et de l'économie de marché. Des charges sociales élevées et une réglementation stricte ont eu raison de la motivation des restaurateurs les plus pugnaces.

Nombre d'entre eux se sont, en effet, tournés vers la cuisine d'assemblage. Un ersatz de gastronomie réalisé à partir de produits dits semi-élaborés, c'est-à-dire prêts à l'emploi. Ces denrées connaissent une croissance de 6 à 10 % par an et touchent tous les secteurs de la restauration, de la charcuterie et de la pâtisserie. Une réussite obtenue par une habile manipulation des craintes de la profession. Avec ces produits, les industriels répondent à deux angoisses des métiers de bouche : le coût du personnel et l'impérieux respect des normes d'hygiène. Grâce à ces succédanés d'aliments, plus besoin de main-d'œuvre en cuisine et encore moins d'apprentis qualifiés, le personnel est désormais réduit à son plus strict minimum. De même, ils apportent aux professionnels une solution clé en main pour faire face au respect de normes d'hygiène ou HACCP (Hazard Analysis Critical Control Points) toujours plus draconiennes. Drastiques, elles feraient passer le cuisinier attaché à ses œufs coquilles (c'est ainsi que l'on appelle les œufs entiers) pour un assassin qui s'ignore. D'ailleurs, les ovoproduits se portent bien. Késako ? Des jaunes et des blancs d'œufs conservés séparément sous forme liquide, concentrée, surgelée ou en poudre. Ou mieux encore, des œufs durs écalés par des machines vendus sous forme de bloc dans lesquels les rondelles sont déjà prétranchées et précalibrées. Sans oublier, bien sûr, les omelettes, les œufs brouillés, ou mollets, vendus en barquettes et prêts à l'utilisation. Fini la magie de l'œuf que l'on casse dans un bol, les mille et une précautions pour que jaune et blanc ne se mélangent pas. Terminée la poésie. Voici l'heure des ovoproduits, certifiés zéro défaut, stockables à l'envi et ne nécessitant aucune main-d'œuvre qualifiée pour être travaillés. Des arguments qui ont porté puisque cette industrie a connu depuis une décennie une croissance fulgurante. En dix ans, la production française de ces concentrés de blancs et de jaunes d'œufs a doublé. Sur 15 milliards d'œufs produits chaque année sur le marché français, 30 % sont consommés par l'industrie et la restauration sous la forme de succédanés. Autant dire que lorsque vos chers enfants se régalent d'un œuf dur mayonnaise à la cantine, vous pouvez être quasi certain qu'ils se délectent d'un œuf écalé par l'industrie…

L'engouement de la restauration pour ces aliments industriels est aisément compréhensible. En cas de problème sanitaire, le restaurateur utilisateur de ces produits est protégé. Il suffit pour lui de se retourner contre l'industriel. Inutile d'essayer de remonter le cours d'une traçabilité complexe, le restaurateur n'a plus qu'à donner aux autorités vétérinaires le numéro du lot incriminé, et l'affaire est aussitôt réglée.

Une solution de facilité qui aura converti plus d'un restaurateur. Ainsi, pour élaborer d'appétissants menus gastronomiques, ces pseudo-cuisiniers utilisent des fonds de sauce déshydratés, des crèmes brûlées en brick ou en poudre, des sabayons en bombe, des génoises en sachet. Autant de poudres magiques mises au point par les industriels. Pour concocter cet appétissant dessert qui vous sera facturé entre 5 et 10 euros, le cuisinier n'a plus qu'à verser un brick de crème brûlée aromatisée vanille-bourbon, puis de la saupoudrer légèrement d'éclats de caramel et enfin de napper le tout d'un sirop artificiel aromatisé amande-pistache ou agrume, une allumette et le tour est joué. Ces crevettes sauce thaïe, quant à elles, ont été amoureusement mitonnées à partir d'un fond de sauce industriel. La fiche recette est fournie avec le produit et actualisée régulièrement sur les sites Internet des grandes marques. C'est ainsi que de nombreux cuisiniers ont renoncé à leur métier pour devenir de simples techniciens assembleurs. Les grands groupes se sont d'ailleurs sournoisement infiltrés dans les centres de formation afin d'inscrire leurs produits aux programmes des CAP (certificats d'aptitude professionnel). Une lutte sans merci s'engage chaque année entre les tenants de la tradition culinaire attachés aux enseignements traditionnels et les industriels cherchant à retirer des disciplines essentielles à la formation des jeunes pour les remplacer par des leçons d'assemblage. Sans une mobilisation des férus de cuisine bourgeoise, les industriels auraient mille fois remporté la bataille. Las, les bataillons sont plus nombreux dans le camp de l'industrie que dans celui des garants de l'authenticité. Aussi, les amateurs de l'uniformisation du goût finiront sans doute par triompher.

En attendant, pour vous et moi, c'est le flou. Si les restaurateurs peuvent nous garantir que les plats inscrits à la carte ne présentent aucun risque sanitaire, la lecture du menu ne donne aucune indication sur l'origine des aliments (à l'exception notable de la viande de bœuf qui doit afficher sa provenance depuis la crise de la vache folle). Et nous ne pouvons pas même être certains que les plats qui nous sont proposés ont été préparés sur place. Bien entendu, la DGCCRF (Direction générale de la concurrence, de la consommation et de la répression des fraudes) veille et verbalise sans état d'âme l'escroc qui essaierait de vendre du bar d'élevage sous la dénomination bar de ligne, ou qui afficherait coco de Paimpol quand il s'agit en fait de haricots blancs n'ayant pas obtenu l'AOC (appellation d'origine contrôlée). Par contre, lorsque le restaurateur affiche « bar » sur son menu, qui vous dit qu'il est d'élevage ou de ligne ?

C'est ainsi que lorsqu'elle est préparée par des restaurateurs peu scrupuleux, la bourride sétoise, ce plat de pêcheur par excellence, est de moins en moins souvent cuisiné avec de la baudroie pêchée en Méditerranée. Rentabilité oblige, la baudroie s'est peu à peu effacée devant la queue de lotte de l'Atlantique, vendue chez les grossistes. Les restaurateurs du quai de la Marine, sis à un jet de pierre de la criée où les pêcheurs viennent chaque jour vendre leurs loups et leurs rougets, ne s'en cachent pas. Ils privilégient le poisson d'élevage et la lotte surgelée.

Et pourtant, « il n'est pas de bourride sans baudroie », s'enflamme Gérard Janicot, patron du très sélect restaurant de plage, l'*ACD*, et sétois de cœur et d'esprit. « La lotte de l'Atlantique n'a pas le même goût, elle est beaucoup plus iodée. Sa chair et sa peau sont plus fermes parce qu'elle a été malmenée par des eaux froides et agitées. Ici, on a la finesse de la chair et du goût, s'anime-t-il, soudain chauvin. Et surtout, la queue de lotte est, par définition, vendue sans la tête, alors que la baudroie est vendue entière. Or, c'est la tête qui donne son goût à la bourride. Et c'est avec son foie qu'on lie la sauce et qu'on relève les croûtons aillés ! »

Autant que la perte d'authenticité et de savoir-faire, c'est la fin d'une certaine idée de la culture que l'on peut regretter. Prétendre faire de la cuisine du terroir lorsque l'on ne s'appuie pas sur des produits locaux relève, en effet, de la supercherie. La culture est ici ravalée au rang d'un triste folklore, tout juste bon à berner des touristes déculturés. Pourtant, il vit encore ce port de Sète. Et c'est l'un des rares à avoir aussi bien préservé ces petits métiers. Jean-Louis Lambert, issu d'une longue lignée de pêcheurs, et père de pêcheurs lui-même, part vers 4 heures, tous les matins, pour « caler » ses filets. Bien entendu, les catalanes autrefois appelées « bateaux bœufs » – parce qu'elles tractaient les filets à deux à la façon des bœufs tirant leur attelage – ont été remplacées par de petits rafiots à moteur. Mais qu'importe. La poésie opère toujours. Et la solidarité aussi. Tous

14.09.2007
Décret "label maître restaurateur.

… escendent sur le port … eurs à débarquer leur marchandise et à démailler leurs filets. À vouloir économiser quelques euros en proposant des lottes venues d'ailleurs, on oublie un peu vite que ce sont ces métiers-là que l'on tue à petit feu. Ces métiers et la solidarité qui les fait tenir.

En outre, l'histoire de la cuisine traditionnelle commence avec celle de la commensalité. Elle est donc porteuse d'une certaine idée des liens sociaux et humains.

Mais la solidarité n'est pas la préoccupation première de ces bistrots sans âme qui ne cherchent qu'à berner le client pour faire une meilleure marge. Qui vous dit en effet que, dans ce charmant restaurant à la décoration si soignée, l'appétissant bœuf mironton affiché au menu n'est pas un plat préparé acheté sous vide ? Que la sauce de ce ragoût n'est pas tout droit sortie d'un sachet ? Rien. Tout au moins jusqu'au 14 septembre 2007, date de la publication au *Journal officiel* du décret instituant le label maître restaurateur. Ce décret, largement inspiré du travail de Renaud Dutreil, ancien secrétaire d'État aux PME, au Commerce, à l'Artisanat et aux Professions libérales, devrait enfin fournir certaines garanties au consommateur. Et lui certifier, pour le moins, que ce qu'il déguste en salle a bien été réalisé sur place. Une démarche importante pour dissocier les « réchauffeurs » des petits restaurateurs qui concoctent leur cuisine traditionnelle avec amour. Sur les 100 000 restaurateurs français, seuls 20 000 peuvent prétendre à ce label. Pourtant, une fois encore, le lobbying des grandes chaînes et la frilosité des syndicats ont eu raison des avancées les plus notables de cette législation. Les chaînes de restauration et autres baraques à frites sont, au même titre que les cuisines étoilées, des adhérents du Syndicat de la restauration. Or, ces gens-là ont vu d'un très mauvais œil leur mise à l'index. À force de pressions, ils sont parvenus à affadir la loi. Au départ, il était question de ne donner le statut de maître restaurateur qu'à un cuisinier qualifié. Mais, sous la pression des chaînes, le titre a été attaché à l'entreprise. Ce faisant, le décret offre la possibilité à des dirigeants de chaînes de s'en prévaloir...

Par ailleurs, si le projet de Renaud Dutreil avançait que le maître restaurateur devait travailler « avec des produits en l'état de première fraîcheur », le décret final est plus flou, et ne parle, lui, que de « produits acquis majoritairement frais ». Mais quelle est la signification de ces termes confus ? Si le cuisinier bat ses œufs en neige mais utilise de la crème anglaise en brick, et des blancs d'œufs concentrés, cuisine-t-il avec des produits majoritairement frais ? Si le restaurateur se sert d'un fond de sauce industriel, fait-il sa cuisine avec des produits majoritairement frais ? Et celui qui met des fruits frais sur un fond de tarte préparé ? Et celui qui mélange savamment produits frais et surgelés ? Il est clair qu'à force de ne vouloir froisser personne, la loi s'est vidée de son sens. Une fois encore, on a donné raison aux assembleurs contre les garants de l'au […] sont ces derniers qui ont […] és, car c'est grâce à eux […] is pourront acquérir un savoir-faire, une connaissance des produits et du terroir. Sans restauration de qualité, il n'y aura plus d'artisanat ni d'agriculture raisonnée et raisonnable. Conscient de cet état de fait, Claude Izard, vice-président confédéral de la Confédération des professionnels indépendants de l'hôtellerie (CPIH), a créé un label, les Cuisineries gourmandes, et se bat quotidiennement pour que les produits des artisans et des paysans avec lesquels ses adhérents travaillent soient mis en valeur sur les menus de leurs restaurants. « Si l'on veut préserver un artisanat de bouche, il faut mettre les spécialités de nos régions en avant sur les menus. La cuisine bourgeoise doit recouvrer son identité régionale ! s'enflamme Claude Izard. C'est le seul moyen de faire vivre les vignerons, les agriculteurs et les éleveurs du coin. Et de fournir aux consommateurs une idée exacte de ce qu'ils mangent. » En attendant, les organismes de contrôle ont tendance à se montrer plus tatillons avec ces résistants de la bonne bouffe qu'avec les grandes chaînes. En France, aujourd'hui, il est en effet plus simple – et moins risqué – de ne rien afficher sur ses menus que de vouloir établir la traçabilité de ses produits. La DGCCRF a ainsi contrôlé tous les fournisseurs de Claude Izard pour être certain qu'il ne se prévalait pas d'une origine qu'il était incapable de garantir. Bref, pour vivre heureux, vivons cachés et en sachet.

La généralisation du croissant surgelé

Même notre cher croissant n'a pas su résister aux sirènes des industriels... Vous le trouvez mou, sans goût, gonflé ? C'est normal, il est surgelé !

À force d'entonner l'air de la rentabilité, les industriels sont parvenus à convertir nombre d'artisans aux vertus du tout surgelé. L'économie a parlé. Et la standardisation moderne a rattrapé la viennoiserie pourtant plusieurs fois centenaire. Ne reste aujourd'hui qu'une vague parenté entre les petits pains courbés autrichiens commémorant la défaite viennoise des Turcs repoussés en 1683 grâce à la vigilance des boulangers, et les croissants bien droits calibrés par les industriels pour entrer plus aisément dans les cartons de stockage. Des hôtels étoilés en passant par les troquets de gare, les grandes chaînes de croissanteries et les boulangeries de quartier, tous les petits pains sont désormais faits sur le même moule : croissants à dos droit, pains au chocolat carrés fourrés d'une double chocolatine. Des produits qui, en outre, présentent la caractéristique d'être « gonflés » puisque les industriels les travaillent pour que leur faible masse ait un développement maximal.

Mais comment ce joyau du patrimoine gustatif s'est-il en chemin galvaudé ? Une conjonction de facteurs a joué dans la désaffection des consommateurs pour la viennoiserie maison et, ce faisant, dans celle de la profession pour le métier de tourier (celui qui donne les tours à la pâte levée feuilletée). De fait, en ces temps très nutritionne … iserie n'a pas bonne pr… crée, trop salée, elle au… enfants trop replets. Bilan de cette communication négative : des ventes en constante régression. Or, la viennoiserie est un produit tout à la fois délicat à préparer et gourmand en matière première coûteuse comme en main-d'œuvre qualifiée.

Pour Michel Izard, boulanger à Lannilis (Nord-Finistère), « la viennoiserie ne souffre pas l'approximation. Il faut faire attention au timing, à la cuisson, à l'hygrométrie, ainsi qu'à la température du laboratoire. En une demi-heure, le produit peut passer de “parfait” à “médiocre” en devenant trop mousseux ».

La viennoiserie est, en outre, très éphémère. Pas question de tenter d'écouler sur la semaine les invendus du jour. Aussi, mieux vaut être capable de prévoir ses ventes au croissant près si l'on ne veut pas gâcher brioches et autres pains au lait. « Pas assez rentable », tel est le verdict de nombreux meuniers qui poussent les boulangers endettés à abandonner la viennoiserie maison pour se consacrer à ce qui rapporte : le sandwich fourré d'une mauvaise tranche de jambon achetée chez un grossiste. Cyniques, les meuniers ont compris qu'à l'heure où le prix des matières premières nobles atteint des sommets, le coût de revient du croissant surgelé est bien inférieur à celui du fait maison.

« Quand je feuillette les catalogues qui nous sont envoyés, je suis sidéré par la modicité des prix pratiqués par les industriels, regrette Michel Izard. Bien évidemment, cela me reviendrait moins cher d'acheter du tout fait. Mais ce serait accepter la mort de notre métier. Pourquoi voudriez-vous que les gens continuent à venir en boulangerie payer plus cher le même produit médiocre que celui vendu en grande surface ? » Inquiet, Michel Izard craint que, « peu à peu, le métier de tourier, le savoir-faire de la viennoiserie se perdent ».

En attendant, pour les clients que nous sommes, c'est une fois encore le noir absolu. Comment être certain en effet que votre « cher » boulanger de quartier ne vous vend pas des petits pains surgelés ? À moins d'être un expert en la matière, il est très difficile de distinguer à l'œil nu le vrai croissant au beurre, amoureusement fabriqué par l'artisan, de son imitation commercialisée par les industriels et vendue par des boulangers sans vergogne. La seule manière de mettre fin à cette duperie serait d'obliger les artisans à se soumettre à un décret similaire à celui régissant le pain de tradition française depuis 1993. Les véritables artisans pourraient ainsi se démarquer des vendeurs de surgelés. Quant aux clients, ils sauraient enfin ce qu'ils achètent.

« Il faudrait pouvoir distinguer l'artisan du marchand ; celui qui fabrique, de celui qui fait une marge sur un produit qu'il n'a pas fait de ses mains, tonne Jean-Pierre Crouzet, président de la confédération nationale de la boulangerie-pâtisserie française. Cela rassurerait le client, et cela nous éviterait de continuer à envoyer des jeunes en formation dans des boulangeries où l'on ne pratique plus le métier. Je n'ai pas besoin d'apprenti en “formation cutter” ! » peste-t-il, en mimant le geste pratiqué par ces novices pour ouvrir, à la chaîne, des cartons de produits surgelés. Pour les professionnels cependant, la solution n'est pas dans un décret jugé trop contraignant. De plus en plus d'artisans ont un laboratoire excentré qui livre leurs deux ou trois boulangeries-pâtisseries. Et si tout est fait maison, tout n'est pas fabriqué sur place comme l'exige le décret mis en place par Jean-Pierre Raffarin. Le président de la confédération nationale de la boulangerie-pâtisserie française propose donc de se réapproprier l'appellation « fait maison » en renforçant les contrôles effectués par la DGCCRF.

Ce premier pas nécessaire devrait également s'accompagner d'obtentions de labels de qualité pour que le client puisse connaître la composition exacte de son croissant.

Des pistes qui mériteraient d'être creusées si l'on veut que demain nos enfants aient le bonheur de connaître le goût de la viennoiserie de qualité.

L'Europe du goût n'existe pas

Si L'Europe politique n'est aujourd'hui qu'une ébauche incertaine, l'Europe gastronomique, elle, n'existe pas. Les députés européens ont choisi de sacrifier le terroir sur l'autel de réglementations hygiénistes pointilleuses optant ainsi pour la mise à mort de la ruralité et du goût. L'Union européenne semble préférer aux agriculteurs et éleveurs d'antan, les industriels seuls capables de se plier aux normes kafkaïennes du paquet hygiène – ensemble d'obligations contrôlant désormais notre nourriture de la fourche à la fourchette. Obsédés par une sécurité sanitaire qui n'existera jamais, les services vétérinaires ont eu raison de la saveur et de l'histoire. Au nom de règles drastiques, l'agriculture sera désormais aseptisée et sans mémoire. Paradoxe d'une société qui nous fait entrer dans des bulles chaque fois que nous passons à table mais qui se désintéresse du fait que nous continuions, chaque jour, à avaler du CO_2 à pleins poumons !

Première victime, de cette guerre larvée : les légumes anciens.

Blasé, résigné, on l'était déjà sur le fait que chaque jour l'ultralibéralisme grignotait un peu plus de terrain. Mais, tels de fiers gastronomes gaulois, on pensait que s'il restait un bastion imprenable, ce serait celui du bien boire et du bien manger. Or, malbouffe et picrate gagnent chaque jour un peu plus de terrain. Qu'importe, me direz-vous, du moment que dans cette course effrénée on puisse préserver la graine... Eh bien non. La voilà, elle aussi, rattrapée et formatée par les enjeux économiques internationaux.

Pourtant, sans verser dans la nostalgie facile, on peut rappeler aux chantres de la modernité que, sans graine, pas de culture et donc pas de vie. Évidemment de nos jours, l'image d'Épinal du paysan qui cultive sa terre et réutilise amoureusement ses graines a fait long feu. Les semences sont désormais coincées entre l'enclume des exigences du commerce international et le marteau bienveillant mais bien malmené de la biodiversité. Autre temps, autres mœurs. Aujourd'hui, la semence est devenue affaire de gros sous. Juteux, le commerce de la graine permet d'engranger pas mal de « blé ». La France est le premier pays producteur de semences de l'Union européenne et le troisième exportateur mondial. Le chiffre d'affaires de la filière s'élève à plus de 2 milliards d'euros. La balance commerciale du secteur, en augmentation constante depuis 1990, a généré en 2006-2007 un solde positif de 365 millions d'euros. Autant dire que la France n'est pas peu fière d'être le premier exportateur mondial de semences de maïs… Sauf que le commerce de la graine s'est totalement standardisé, homogénéisé pour pouvoir répondre à ce vaste marché. La graine est ainsi prise entre une législation de droit public : le catalogue européen qui la classifie, la note, et parfois même l'éjecte pour cause de rentabilité insuffisante ; et une législation de droit privé qui, via le SICASOV (Société coopérative d'intérêt collectif agricole des sélectionneurs obtenteurs de variétés végétales), délivre des certificats d'obtention végétale qui permettent aux découvreurs de nouvelles variétés de s'assurer une rente.

Exit du catalogue les vieilles variétés plus assez glamour et concurrentielles. Bonjour la nouveauté, génétiquement modifiée ou non, mais bardée de ce beau certificat. Ce système est, en effet, extraordinairement coûteux et complexe puisqu'il oblige les gens à réaliser une batterie de tests qui leur coûte si cher que seuls les gros semenciers ont les reins assez solides pour enregistrer les variétés. Or, ces industriels n'ont intérêt à faire répertorier que les nouvelles graines puisque ces dernières, via leur certificat, leur rapportent de l'argent. Par contre, toutes les anciennes variétés, libres de droit, sont exclues du catalogue, sans concession. Et puisqu'elles ne sont plus répertoriées, leur culture est interdite. C'est ainsi que la carotte de la Halle, le blé rouge de Bordeaux et autre haricot de Chambord, dont les origines sont intimement liées à l'histoire de notre terroir, sont subitement devenus persona non grata. La directive sur les « variétés de conservation » pour les semences de grandes cultures et les plants de pommes de terre, adoptée à l'unanimité par les experts européens le 16 avril 2008 a cependant nuancé cette obligation en permettant la commercialisation des variétés menacées de disparition. Une première étape réglementaire qui ne résoudra pas tout. Ainsi, les variétés anciennes qui ne sont pas menacées de disparaître ne pourront toujours pas être commercialisées. Xavier Mathias, maraîcher bio en Touraine, ne décolère pas face « à la mauvaise foi des personnels administratifs ». « On nous explique doctement que si les variétés anciennes n'ont plus le droit de cité dans le catalogue, c'est parce qu'elles ne sont plus demandées, mais comment voulez-vous qu'on en fasse la demande quand il n'y a plus d'offre ? » s'insurge le jeune paysan.

Trop instables, pas assez calibrées pour être référencées, telles sont les raisons avancées par les inspecteurs du catalogue. « C'est vrai, répond sans sourciller Raoul Jacquin, paysan, multiplicateur et conservateur de l'association Kokopelli. La tomate rose de Berne par exemple, peut peser deux cents grammes, comme six cents grammes. » Un peu trop aléatoire au goût du catalogue. Pourtant, c'est aussi ce qui fait le charme et la force de ces variétés anciennes. Xavier Mathias n'abandonnerait pour rien au monde son haricot tourangeau. Et si un pied mollasson ne donne pas une récolte exceptionnelle, il s'en contente, trop heureux de faire revivre ces variétés poétiques. En attendant, cette alliance certificat-catalogue est la cause d'un turn-over impitoyable. Chaque année, 30 variétés potagères nouvelles sont enregistrées, pendant qu'une trentaine d'anciennes partent dans les réfrigérateurs de l'INRA (Institut national de recherche agronomique), autant dire au musée de la graine. Pourtant, cette solution a d'ores et déjà entraîné quelques déconvenues. Ainsi, devant la recrudescence de l'oïdium – un champignon microscopique qui, par extension, a donné son nom à la maladie qu'il provoque –, l'INRA a voulu replanter une variété ancienne de blé, naturellement résistante à cette maladie. Or, ce blé conservé en chambre froide s'est montré incapable de résister au champignon. En quarante ans, l'oïdium était devenu beaucoup plus virulent alors que le blé, lui, était resté en l'état.

Le maintien de la biodiversité est donc entre les mains d'une poignée de mordus de la graine qui, comme les semenciers Biaugerme ou Kokopelli, se démènent sans relâche pour essayer d'endiguer l'hécatombe. Pendant ce temps-là, la Fédération nationale des professionnels des semences potagères et florales et le GNIS (Groupement national interprofessionnel des semences) ne font rien d'autre que de brandir leur joker : le catalogue amateur des variétés anciennes pour les plantes potagères. Ce dernier, moins cher et plus simple que le catalogue officiel, devait faciliter l'enregistrement des variétés anciennes. Mais son usage se révèle ubuesque. La catégorie amateur permet, certes, aux semenciers de vendre des variétés anciennes, mais interdit à l'agriculteur de commercialiser les légumes issus de ces semences ! Bref, on fait semblant de croire que ces variétés n'intéressent que les jardiniers du dimanche et on leur dénie un quelconque intérêt commercial. Ce faisant, on fait passer dans le camp des hors-la-loi l'agriculteur rebelle et nostalgique, qui voudrait continuer à les cultiver.

En outre, bien que moins onéreuse, la procédure est toujours trop chère pour l'association Kokopelli qui ne voit pas où trouver les fonds pour enregistrer ses 1 200 variétés. Et quand bien même les trouverait-elle, comme faire entrer ces variétés dans les catégories rigides de ce catalogue prétendument simplifié ? « C'est à nous d'apporter la preuve de ce que la variété a au moins quinze ans, or, cette démarche est souvent ardue, explique Raoul Jacquin. Par la suite, il faut remplir un questionnaire en 23 points tous plus ineptes les uns que les autres : taille de la variété, stabilité, homogénéité, autant de questions auxquelles on ne peut pas répondre. »

Pourtant, les plantes potagères ne s'en sortent pas si mal. Pour les céréales, c'est encore plus compliqué. L'enregistrement se fait au catalogue national. Comme il s'agit de plantes de grandes cultures, il est hors de prix (jusqu'à 7 000 euros). C'est ce qui explique que les agriculteurs boulangers férus de blés anciens se trouvent empêtrés dans des situations juridiques inextricables et en viennent à cultiver leur blé sous le manteau. Espérons que la directive du 16 avril 2008 leur permette de trouver une solution provisoire en attendant que l'Europe, suivant la brèche ouverte par l'article 28 du Grenelle de l'environnement, crée enfin un catalogue spécifique pour les cultures anciennes.

Car, dans le système actuel, l'agriculteur n'a d'autre choix que de se plier aux lois du marché en déboursant toujours plus pour des variétés hybrides. Chères, elles sont, en outre, inadaptées à l'agriculture biologique. Habituées à leur béquille chimique, ces variétés hybrides se révèlent fragiles lorsqu'elles sont cultivées sans engrais ni pesticide.

Et si on cessait de fliquer les paysans afin de leur permettre de préserver, à leur guise et pour notre plus grand bonheur, notre patrimoine végétal ?

Des labels de qualité mis à mal par l'Europe

Les AOC (appellations d'origine contrôlées) sont les derniers bastions de la qualité que ce soit pour les vins, les fromages, la viande ou certains fruits et légumes. Elles permettent de sauvegarder une certaine idée de la culture gastronomique française. L'obtention d'une AOC n'est d'ailleurs pas chose aisée. L'instruction d'un dossier par l'INAO (Institut national des appellations d'origine) dure en moyenne dix ans. Dix années au cours desquelles les producteurs doivent prouver leur volonté de porter ce projet à plusieurs dans le seul but de défendre un produit authentique. Obtenir une AOC c'est réapprendre les gestes d'antan et renouer ses liens avec sa terre.

À l'heure où il est de bon ton de se prévaloir du développement durable, il est important de rappeler que l'obtention d'une AOC permet de réhabiliter des terroirs délaissés et de valoriser le patrimoine rural tout en limitant l'utilisation d'engrais, d'herbicide et de pesticide. Les AOC oléicoles sises sur le pourtour méditerranéen (en Corse, à Aix-en-Provence, à Nice, Nîmes, en Haute-Provence...) ont redonné vie à des parcelles d'oliviers abandonnées offrant ainsi un moyen de lutter contre l'érosion des paysages et d'offrir des barrières contre les incendies. Mieux. Une fois ces zones redynamisées par l'AOC, elles sont devenues créatrices d'emplois. La région est passée de moins de 500 emplois en 1993 à plus de 4 000 aujourd'hui. La valeur foncière des terres s'est également considérablement accrue.

Alors que le misérabilisme est de mise et que l'on ne cesse de répéter que le métier d'agriculteur ne tente plus les jeunes, les terres sous AOC parviennent à drainer 21 % des effectifs de l'agriculture française et à afficher une progression de 14 % entre 1997 et 2001 pendant que l'agriculture traditionnelle perdait, elle, 4 % de ses effectifs.

En out[illegible]lisme effréné, les AO[illegible]plois locaux pérennes[illegible]sible avec une AOC, le [illegible]ur place avec une main[illegible]égion.

Les A[illegible]ier nécessaire pour réé[illegible]fournisseurs et distributeurs. Albéric Valais, président de l'AOC viande Maine-Anjou issue de la race bovine rouge des prés, souligne que l'obtention de l'AOC lui a permis d'inverser le rapport de force avec la grande distribution. « Avant, on nous payait notre viande 5 à 10 % moins cher parce qu'elle était plus persillée que les autres. Aujourd'hui, on nous l'achète 15 % de plus ! » se félicite l'éleveur. De même, « les directeurs des magasins de grande surface se plaignaient autrefois de ce que les entrecôtes de Maine-Anjou étaient soi-disant trop grosses pour leurs barquettes. Désormais, ils sont au petit soin avec nous et fabriquent des conditionnements sur mesure pour notre viande ! »

Dans les rares cas où l'appellation d'origine ne permet pas d'établir un rapport de force plus équilibré avec la grande distribution, elle offre au moins aux agriculteurs la possibilité de trouver d'autres débouchés. Si les cocos de Paimpol sont toujours aussi mal traités par les grandes surfaces qui multiplient les jours de chambre froide et qui n'hésitent pas à brader ce haricot largement en dessous de son cours, l'obtention de l'AOC aura permis aux agriculteurs de vendre une part significative de leur production dans des commerces de proximité haut de gamme. « Avant l'AOC, 90 % de nos haricots étaient vendus en grande surface, seuls 10 % étaient écoulés dans les commerces de proximité. Aujourd'hui, on est à 50-50. Cela nous permet de ne plus nous avilir devant la grande distribution », se réjouit Maurice Goarin, président de l'AOC Coco de Paimpol.

Les AOC devraient donc être défendues bec et ongles par l'Union européenne puisqu'elles sont la preuve de la spécificité de notre agriculture. Pourtant, c'est rarement le cas. Trop souvent la Commission ne fait qu'ajouter aux difficultés du projet des lourdeurs administratives ainsi qu'une dose de tracasseries.

Les producteurs ayant obtenu une AOC se plaignent ainsi de la lenteur de la reconnaissance de leur AOC en AOP (appellation d'origine protégée, soit la transposition légale de l'AOC au niveau européen). Cette transcription devrait être une simple formalité, une validation rondement menée. Or, elle prend souvent de longues années.

De même, il est inutile de s'étonner du peu d'AOC accordées aux fruits et légumes. Là encore, l'histoire est parfaitement abracadabrante. Un règlement européen interdit aux agriculteurs de se prévaloir du nom de leur variété lorsque celle-ci est inscrite au catalogue, ce fameux sésame dans lequel sont enregistrées toutes les variétés actuellement commercialisées. Ainsi, les abricots rouges du Roussillon, qui ont pourtant un dossier digne d'une AOC, ne peuvent l'obtenir car le nom que porte leur fruit est celui de la variété... La seule solution qui se présente aux arboriculteurs est donc d'accepter de débaptiser leur fruit en ayant conscience qu'il s'agit là d'un pari hasardeux puisque renoncer au nom de la variété c'est prendre le risque de ne plus être reconnu sur les étals...

Enfin, l'Europe des saveurs éprouve bien des difficultés à contrer les tenants de l'ultralibéralisme. Après avoir tenté, en vain, de sacrifier le lait cru, la Commission s'attaque aux IGP (indication d'origine protégée). Concernant les produits transformés comme la charcuterie et notamment le jambon de Bayonne, les experts de la Commission ne voient pas l'intérêt de citer l'origine géographique de la matière première. Ils jugent cette clause de l'IGP « trop restrictive » et réclament son abrogation sous prétexte « qu'elle nuirait gravement au libre-échange ». Bref, vouloir renseigner correctement le consommateur nuit gravement au libre-échange... Et au nom de ce sacro-saint droit économique, on pourra bientôt, si l'Europe le permet, faire du jambon de Bayonne avec du cochon Hollandais !

Et l'acheteur dans tout cela ? L'Europe n'en a cure. Pourtant, revenir ainsi sur les critères de qualité relève de la tromperie. Comment croire que le client venant à apprendre que son jambon d'Auvergne est réalisé à partir d'un cochon d'un autre pays continuera à faire confiance au label de qualité ?

Renoncer à identifier les produits par région, c'est risquer de leur enlever une qualité aux yeux des consommateurs. Et les égarer un peu plus encore dans les méandres d'une nourriture qui n'affiche plus sa couleur.

La gauloise à crête pâle

Après avoir eu la peau des légumes anciens trop atypiques pour avoir droit de cité sur le catalogue européen et en attendant d'achever les fromages au lait cru, les réglementations bruxelloises auront fait une nouvelle victime : la splendide poule gauloise à crête pâle. Une merveille de gallinacé à laquelle Patrick Lucas a su redonner vie, il y a bientôt quinze ans, en parvenant à convaincre un collectionneur du Rhône de lui céder la souche. À force de persévérance, ce passionné a su recréer la gauloise à crête pâle, anomalie génétique que les Bressans entretenaient jadis jalousement dans leur élevage. Les vieux paysans s'étaient en effet aperçus que ces bêtes magnifiques étaient plus fortes en goût que les crêtes rouges. Mais l'obtention de l'appellation d'origine contrôlée en faveur de la crête rouge en 1957 a sonné le glas de la crête pâle. Ces éleveurs bressans l'ont alors favorisée. Pas Lucas. Il s'est littéralement pris d'amour pour cette poule à crête pâle gentiment caractérielle qui ne supporte pas d'être enfermée et qui, une fois lâchée en plein air, ne pense qu'à plumer ses congénères. Ce n'est pas chose aisée que d'élever cette gauloise infernale. Mais c'est justement la nature sauvage de cette poulette qui la rend si savoureuse. Élevée au grand air, nourrie au lait (pour la tendreté de la viande) et au grain, tuée au bout de cinq mois et demi pour le poulet, de sept mois pour la poularde et de onze mois pour le chapon comme pour le coq vierge (un faux castrat alliant le goût du mâle et l'onctuosité de la femelle), l'élevage de la gauloise est très coûteux surtout en cette période de flambée des matières premières.

Mais ces soubresauts conjoncturels font partie du métier d'éleveur, et Patrick Lucas n'aurait certainement pas jeté l'éponge pour si peu. Ce qui a eu raison de sa détermination, ce sont les dernières mises à jour du paquet hygiène. On lui demande désormais de faire venir, à ses frais, un vétérinaire agréé avant et après abattage. Or, ce ne sont pas les 200 volailles tuées chaque semaine qui permettent à Patrick Lucas d'amortir ces nouvelles dépenses. De plus, on veut l'obliger à construire un hangar spécifique pour stocker la litière de ses poules. Mais cette litière composée de copeaux de sapin dépoussiérés devient, une fois « souillée » par les excréments des volailles, un fumier riche dont il serait ridicule de se priver. En outre, en quinze ans d'élevage, Lucas n'aura jamais réussi à épandre sa litière sur plus de 15 ha alors que sa propriété en compte 80... Autant dire que la construction d'un hangar pour mettre le voisinage à l'abri des relents pestilentiels de ce fumier maison n'est pas une priorité.

Par ailleurs, installé au sommet de la Montagne Noire, près de Castres, Lucas se sert quotidiennement de l'eau de source de son village pour faire fonctionner son abattoir. L'eau a, bien entendu, été dûment analysée par des laboratoires indépendants qui ont montré qu'elle était non seulement potable mais particulièrement pure. Une batterie de tests qui n'a hélas aucune valeur juridique aux yeux des contrôles sanitaires qui exigent eux, de l'eau certifiée... par un grand groupe spécialiste de l'eau. Comment faire quand le village d'Arfons n'est pas relié aux réseaux de distribution d'eau ?

À cela s'ajoute l'impossible traçabilité des poussins nés dans la propriété. Comme ils sont nés sur place, l'éleveur est bien entendu dans l'incapacité de fournir des preuves d'achat. Par ailleurs, il est impossible de faire entendre aux services de l'État les raisons qui poussent cet éleveur à ne pas abattre tous les poussins à la même date. Patrick Lucas n'est pas un industriel, son travail est instinctif : quand il voit qu'un poulet n'est pas arrivé à maturité, il préfère le laisser vivre quelques jours de plus plutôt que d'abattre un volatile trop maigrichon. Comportement incompréhensible pour les services vétérinaires qui n'y voient que rouerie et subterfuge.

Qu'on se le dise, l'éleveur est toujours suspect. Et quand on n'a rien trouvé, on cherche encore. C'est ainsi que les crottes de la gauloise sont scrutées mensuellement afin de tenter d'y déceler une introuvable trace de salmonelle. « J'ai beau leur expliquer que la souche de la gauloise est exempte de salmonelle, ils s'acharnent à me demander des contrôles coûteux tous les mois », soupire Patrick Lucas.

Il prend un sourire figé pour aborder la prochaine étape de la réglementation, celle qui l'a décidé à jeter l'éponge. « Ils veulent nous obliger à vendre les bêtes sans leurs têtes ni leurs pattes, parce qu'elles seraient soi-disant porteuses de microbes. » Autant dire que la poularde enrobée dans son sac de lin a fait long feu et que seuls les industriels pourront se plier aux exigences toujours plus pointilleuses et absurdes de la Commission.

En attendant, la gauloise à crête pâle a déposé les armes le 31 décembre 2007. Et ne reste aujourd'hui que le souvenir de son goût inoubliable. Un jour peut-être, nos enfants nous reprocheront d'avoir laissé mourir une à une les exceptions de notre patrimoine gustatif pour mieux laisser entrer dans nos pays d'abominables poulets chlorés *made in USA*.

Car si la gauloise n'est pas assez pure pour les tenants de l'hygiénisme actuel, les poulets chlorés américains semblent, eux, parfaitement aux normes bruxelloises. Passés dans des bains de détergents pour débarrasser les carcasses d'agents infectieux comme la salmonelle, ces poulets chlorés pourraient, si l'on y prend garde, bientôt débarquer dans nos assiettes…

Le sursaut du lait cru

Sale temps pour la bouffe au pays de Rabelais. Pourtant, dans cette sinistrose ambiante, il est quelques victoires notables des défenseurs des valeurs du terroir. La plus belle étant celle du lait cru. Les industriels ont ici joué une partition particulièrement perfide. S'appuyant sur les peurs des consommateurs, reprenant les antiennes de la Commission européenne, ils ont cherché à se débarrasser de ce joyau de notre agriculture. Les tenants de l'hygiénisme ultralibéral l'ont cloué au pilori, l'accusant d'être porteur de germes dangereux et d'ignobles bactéries. Bref, le lait cru consommé depuis la nuit des temps s'était soudainement métamorphosé en un liquide suspect éminemment dangereux pour la santé humaine. Quant à la grande distribution, elle boudait ces aliments frais incapables de rivaliser avec les dates de péremption des produits pasteurisés. Le lait cru est un produit vivant, il ne peut donc rester indéfiniment dans les rayons des supermarchés.

L'attaque a été d'autant plus rude qu'elle venait de deux mastodontes de la laiterie française contrôlant une bonne partie de la production des fromages hexagonaux. Ces deux groupes ont choisi d'abandonner le lait cru et donc de quitter l'AOC camembert de Normandie sous le prétexte fallacieux qu'ils ne souhaitaient plus faire courir de risques à leur clientèle. Bien entendu, ces parangons de vertu ont parlé faux. Ce n'était pas la défense des consommateurs qui leur importait, mais celle de leur porte-monnaie. La production en lait cru est, en effet, beaucoup plus coûteuse que celle en lait thermisé (chauffé à plus de 37 °C) ou pasteurisé. Une production laitière en lait cru demande beaucoup plus d'attention notamment parce que le goût de la nourriture de la vache se transmet au lait. Si le ruminant n'avale que du maïs et ne voit jamais le vert pâturage, son lait ne sera pas bon. Par ailleurs, pour que le lait cru soit exempt de contamination bactérienne, il est nécessaire de faire appel à une main-d'œuvre nombreuse et qualifiée. Autant dire que, sous couvert de santé publique, l'abandon du lait cru ne dissimulait, une fois encore, qu'une sombre histoire de gros sous. Les évolutions techniques permettent en effet à une usine travaillant avec du lait pasteurisé de sortir 400 000 à 500 000 camemberts par jour avec un minimum de main-d'œuvre. La rentabilité du lait pasteurisé est sans aucune mesure avec celle du lait cru.

Pour arriver à leurs fins, les industriels n'ont reculé devant aucune vilenie. Informations mensongères diffusées sur leurs concurrents utilisateurs de lait cru, propagande en tout genre, lobbying agressif en direction des membres des commissions de l'INAO. Tous les coups bas furent permis et tentés.

Pourtant et malgré les pressions, l'INAO est parvenu à ne pas se laisser influencer par les industriels. Mieux. Cette institution a durci le décret camembert de Normandie. Désormais, ceux qui voudront se prévaloir du précieux sésame qu'est l'AOC devront accepter de « renormandiser » leur cheptel. D'ici 2020, les élevages devront compter 50 % de vaches normandes (on est aujourd'hui à près de 80 % de Prim'Holstein). De même, les vaches devront désormais rester au moins six mois dans les prés. Quant à la zone de l'AOC, elle est limitée à la Basse-Normandie, c'est-à-dire au cœur historique du camembert.

Une belle victoire du goût sur les intérêts d'argent. Une victoire qui permet, en outre, de sauvegarder les autres AOC fromagères. Car si l'icône du fromage français qu'est le camembert avait renoncé au lait cru, qu'en aurait-il été du brie de Meaux et du reblochon ?

Quant à la grande distribution, maligne, elle se réjouit de la pérennité du lait cru. Elle a enfin compris qu'il lui serait bien difficile de faire des présentoirs aguichants sans produits de qualité…

5

La mise à mort des passeurs de goût

La fin de l'éducation gustative a été précipitée par la mise à mort des passeurs de savoir que sont les artisans de bouche. Aujourd'hui, neuf Français sur dix font leurs courses au supermarché, quand ils ne vont pas dans les hard discounts. D'après les chiffres fournis par l'institut TNS Worldpanel, après avoir stagné ces dernières années, le secteur du hard discount connaît une croissance importante avec un gain de 0,5 point de part de marché. Il représente aujourd'hui 14,2 % des dépenses alimentaires des Français. Dans le même temps, les commerces de proximité se meurent, sous le prétexte fallacieux de la cherté des prix par eux pratiqués. Une lente agonie qui devrait se précipiter avec la loi de modernisation de l'économie qui, sous couvert d'une relance de la concurrence, accorde la libre implantation des supermarchés de moins de 1 000 m^2 et la libéralisation des négociations entre distributeurs et fournisseurs. Cette loi permet non seulement aux grandes surfaces traditionnelles de gagner du terrain mais également aux hard discounters de se multiplier dans les centres-villes. Or, ils font le plus souvent appel à des produits standardisés, fabriqués en dehors de nos frontières. Autant dire que les PME, déjà étranglées par le système, auront de plus en plus de difficultés à se défendre et sauvegarder leurs productions.

Christian Jacquiau[1], économiste, commissaire aux comptes, souligne que « l'on est passé de quelque huit cents enseignes de grande distribution dans les années 1970 à six centrales d'achat contrôlant 90 % des surfaces de vente ». Autant dire que, face à ces puissants réseaux, les fournisseurs sont atomisés et fragiles. L'économiste rappelle que les petits fournisseurs vendant leurs produits à la grande distribution sont prisonniers de leurs clients. « Si une grande marque d'hypermarché décide de les “déréférencer”, ils perdent 20, 30, voire 50 % de leur chiffre d'affaires et n'ont plus qu'à mettre la clé sous la porte », peste Christian Jacquiau. Or la loi de modernisation économique, au lieu de minimiser les effets de ces monopoles, ne fait que les renforcer.

« La LME est un cadeau offert à la grande distribution, sans aucune contrepartie. On grave dans le marbre de la loi que la grande distribution

1. Auteur des *Coulisses de la grande distribution*, Albin Michel.

a le pouvoir de négocier les prix des produits. Cela équivaut à reconnaître une économie à deux vitesses avec d'un côté les centrales d'achat qui concentrent presque toutes les transactions et qui ont tout pouvoir pour faire baisser les prix des producteurs et, de l'autre, les petits commerçants malmenés qui ne touchent pas les produits au même prix que les grandes surfaces », souligne Christian Jacquiau. En compulsant des milliers de bilans comptables d'artisans, l'économiste s'est pourtant aperçu que si les petits commerçants achetaient leurs produits au même prix que la grande distribution, ils pourraient baisser leur prix de 25 à 30 % sans rogner sur leurs marges. Les petits producteurs pourraient, quant à eux, vendre leur marchandise à des prix décents. Du gagnant-gagnant. Mais, pour ce faire, il faudrait une volonté politique. Un désir de rendre ses lettres de noblesse au petit commerce en empêchant la grande distribution de fixer ses propres prix et de négocier au plus bas avec les producteurs. Ce n'est pas la voie que semble vouloir suivre le gouvernement. Dommage. La vie des producteurs est d'ores et déjà suffisamment rude sans qu'il soit utile de donner d'autres gages aux grandes surfaces. Le président de l'AOC Coco de Paimpol expliquait ainsi qu'il s'était vu refuser le référencement de son haricot dans une enseigne prestigieuse de la grande distribution. Cette dernière lui proposait – pour avoir l'heur de faire partie des produits qui portent uniquement la marque distributeur – d'indiquer une DLUO (date limite d'utilisation optimale) sur les haricots. Les producteurs ont, bien entendu, refusé puisque accepter cette date limite, c'était consentir à ce que les invendus de légumes soient renvoyés aux producteurs une fois le légume périmé… « Ce refus est un acte de solidarité. Si l'on avait dit oui, cette enseigne aurait imposé des dates limites pour tous les légumes », explique l'agriculteur.

Quant aux emplois créés par les hard discounters, ils sont précaires. « C'est du temps partiel imposé », peste Christian Le Lann, président de la Chambre de métiers et de l'artisanat de Paris. Ce dernier regrette que le pouvoir politique actuel n'ait pas pris en compte que « pour chaque temps partiel créé dans la grande distribution, cinq emplois pérennes seront détruits chez les artisans ». « Sans compter que le hard discount repose sur une politique de diminution des coûts. Ce qui signifie baisse des salaires, pression sur les sous-traitants et au final régression du pouvoir d'achat », regrette Christian Jacquiau.

En outre, la loi de modernisation de l'économie semble avoir opportunément « oublié » l'une des notifications du rapport Attali. Jacques Attali souhaitait un minimum de concurrence entre les grandes surfaces dans les zones commerciales. Mais le lobbying de la grande distribution a été efficace et les situations de monopole devraient perdurer et ce avec le satisfecit du gouvernement.

Pourtant, laisser les clés du commerce à la grande distribution équivaut à mettre à mort les artisans de bouche. Une exécution en règle qui sonnera le glas de la bonne chère. Sans leurs conseils, leur savoir-faire, leur connaissance du terroir, la France ne peut que sombrer, encore un peu plus, dans l'inculture culinaire.

On achève bien les artisans

Dix ans déjà que les habitants de la rue du Commerce, sise dans le XVe arrondissement de Paris, sont privés de la terrible Mme Fidelin, marâtre sublime dirigeant d'une main de fer la volaillerie de son défunt mari. Hurlant sur son fils, martyrisant sa belle-fille, alpaguant « ses » petits gars pour que dindes, chapons et autres poulardes soient parfaitement vidés et parés afin de contenter « ses » vieux clients. Neuf ans au moins que le fils du poissonnier italien, incapable de supporter la énième réévaluation du bail de sa boutique, a dû mettre la clé sous la porte. Bouchers, primeurs, tripiers ont ainsi fermé les uns après les autres. Seules les quelques échoppes entourant l'église sont parvenues à conserver leurs emplacements. Toutes les autres se sont effacées devant les marques franchisées et les magasins faussement bon marché qui s'entassent dans les quartiers jusqu'à les asphyxier. Quant aux boulangeries, elles n'ont pas su, elles non plus, résister à l'assaut des chaînes industrielles. Dans tout Paris, c'est la même histoire. Les rues, autrefois commerçantes, se meurent peu à peu, sacrifiées sur l'autel de la spéculation immobilière. Et les premiers à déposer les armes sont les artisans de bouche. « Ce sont des métiers à rentabilité réduite », constate, lucide, Christian Le Lann. Ainsi, à Paris, en vingt-cinq ans, on est passé de 1 200 charcutiers adhérents de la CFBCT (Confédération française de la boucherie-charcuterie, traiteur) à 250 aujourd'hui. D'après les chiffres fournis par la Chambre de métiers et de l'artisanat de Paris, la situation serait encore plus catastrophique. Suivant ces données, la capitale ne dénombrerait plus que 130 charcutiers aujourd'hui. Elle en comptait 273 en 1999. Dans le même temps, la population de boulangers-pâtissiers parisiens est passée de 1 294 à 1 159 artisans. Mais Paris n'est pas une exception. Dans tous les grands centres urbains, c'est la même histoire. « À Strasbourg : on a une poissonnerie et deux fromagers dignes de ce nom pour 270 000 habitants », déplore le grand pâtissier strasbourgeois Thierry Mulhaupt.

L'hémorragie n'est pas sur le point de cesser. Et les prochaines victimes se comptent par centaines. C'en est bientôt fini du magnifique poissonnier de la rue Montorgueil. Quant à la prestigieuse rue Saint-Louis-en-l'Île, elle n'est plus que l'ombre d'elle-même : plus de tripier, finie la viande chevaline, ne reste que deux bouchers. Et encore.

La rue devra bientôt compter sans l'un d'entre eux. L'excellente boucherie Gardil installée au 44 depuis vingt-sept ans pourrait être prochainement contrainte à fermer ses portes. Saisissant l'opportunité d'un renouvellement de bail, sa propriétaire, mue par l'appât du gain, a multiplié le loyer par quatre. L'alternative pour les artisans est simple : partir ou accepter d'être rackett. Pour arriver à leurs fins, les propriétaires sont prêts à toutes les roueries : exclure de plus en plus d'activités des baux commerciaux, faire intervenir des huissiers pour constater des entorses bénignes aux règles commerciales (vente de conserves de foie gras non incluse dans le bail d'un boucher par exemple). Les artisans sont attaqués de toute part. Ainsi, les propriétaires d'appartements bourgeois ne cessent de persécuter poissonniers ou bouchers situés au rez-de-chaussée de leur immeuble car ils craignent de voir la valeur de leur bien baisser à cause des supposées nuisances engendrées par la présence d'un commerce de bouche. Samuel Chamouin, meilleur apprenti de France 2007, narre, presque blasé, les conflits incessants opposant son ancien patron, boucher parisien, aux habitants de l'immeuble. Fumet de rôtissoire, claquements du hachoir sur le billot, livraisons... Tout était prétexte pour lui chercher querelle.

La fermeture de ces échoppes de quartier semble donc arranger beaucoup de monde. « Mais c'est oublier un peu vite que l'artisanat de bouche permet d'identifier une région, tonne Thierry

Mulhaupt. Laisser fermer nos boutiques, c'est perdre notre singularité régionale, c'est accepter l'américanisation des centres urbains », fulmine-t-il. Et de fait, en France, comme en Chine, en Inde ou en Allemagne, les centres-villes se ressemblent tous. Attention à ce qu'à force de standardisation la France ne perde son statut privilégié de première destination mondiale en matière de tourisme ! Qui sait si demain les 82 millions de touristes étrangers qui aiment tant à visiter la France pour son charme et sa typicité seront encore tentés de dépenser leurs sous (39,6 milliards d'euros pour 2007) chez nous si c'est pour y voir les mêmes enseignes, les mêmes marques et les mêmes modèles que dans toutes les autres mégalopoles mondiales ? D'ailleurs, certains quartiers, jadis animés, commencent à perdre leur âme.

« Le jour où il n'y aura plus de commerce de bouche, les quartiers se dévalueront », prédit Jean-Paul Gardil, inconsolable depuis que l'île Saint-Louis s'est vidée de ses habitants traditionnels pour devenir « un quartier de résidences secondaires composé à 70 % de riches étrangers ».

L'hémorragie est tellement forte que les édiles locaux conscients de la nécessité de conserver un maillage de commerces de proximité multiplient les actions pour tenter de stabiliser les artisans dans leurs quartiers. Ainsi, en 2004, la Ville de Paris a donné mission à la SEMAEST, Société d'économie mixte d'aménagement de l'est de Paris, de préserver ou de restaurer la diversité commerciale sur six quartiers victimes de désertification artisanale (Fontaine-au-Roi, Sedaine-Popincourt dans le XIe, Daumesnil-Montgallet dans le XIIe, Belleville dans le XXe, Saint-Denis dans les Ier et IIe arrondissements, Beaubourg-Temple dans le IIIe). L'idée étant de monter des opérations défensives en rachetant les murs abritant une activité locale à maintenir ; ou de pratiquer des actions offensives en investissant des locaux vides dans le but d'y implanter des commerces de proximité. L'opération baptisée Vital'Quartier a permis à de nombreux artisans de bouche de s'installer dans des quartiers qui se vidaient de leurs boutiques. Ainsi, boucheries, charcuteries, poissonneries renaissent désormais dans le XIIe et le IIIe arrondissement et ce grâce à l'action conjointe de la Chambre de métiers et de l'artisanat et de la Ville de Paris.

La création du PLU (plan local d'urbanisme), remplaçant du POS (plan d'occupation des sols), devrait, elle aussi, permettre de mieux défendre les petits commerces. La loi solidarité et rénovation urbaine (SRU), votée en décembre 2000, prévoyait en effet de définir, en plus de règles d'urbanisme « classiques », un véritable projet pour la ville dans les domaines économique, social et environnemental. Le projet parisien, adopté le 12 juin 2006 par le Conseil de Paris, envisageait notamment de protéger les rez-de-chaussée commerciaux et artisanaux sur 260 km de voies parisiennes. Mais cette opération de « sauvegarde » a été combattue par le préfet de région, Bertrand Landrieux, sous prétexte qu'elle était contraire au droit de propriété. Début 2007, le préfet de région a déposé une requête en annulation auprès du tribunal administratif qui, hélas, lui a donné raison. Un espoir subsiste pourtant : les décrets d'application de la loi imaginée par Renaud Dutreil, alors secrétaire d'État aux PME, au Commerce, à l'Artisanat et aux Professions libérales qui permettent aux maires de préempter les fonds de commerce artisanaux et d'empêcher ainsi une banque de remplacer un poissonnier, sont parus le 26 décembre 2007 au *Journal officiel*. Pour Renaud Dutreil, il était temps que « les maires aient un outil pour se battre ». « Dans les centres historiques des villes, on ne peut plus se contenter du jeu du marché. Il faut impérativement apporter un soutien public à l'artisanat et en particulier au métier de bouche. L'artisanat est une forme d'économie différente de l'économie ultralibérale. Il faut l'aider, le soutenir, parce qu'il est porteur de notre culture et de notre histoire ». Dans un rapport rendu en février 2008 au ministre du Logement et de la Ville, Robert Rochefort, directeur du CREDOC, souligne qu'il s'agit « d'un excellent dispositif dont la vertu principale est de constituer une "arme de dissuasion". Dans la majorité des cas, il suffira de la brandir pour ne pas avoir à l'utiliser », prédit le chercheur. Le maire retrouve donc enfin un peu de pouvoir et peut, s'il le désire, sauvegarder les commerces de proximité en évitant que chaque boucherie devienne inexorablement un énième magasin d'optique…

Le combat reste cependant rude et inégal mais les artisans sont bien décidés à livrer bataille. « Pour peu qu'on leur en laisse la possibilité ! » s'emporte Christian Le Lann. Le président de la CMAP voit d'un bien mauvais œil l'adoption de la loi de modernisation économique largement inspirée des propositions de Jacques Attali. Il les perçoit comme un énième coup de boutoir porté à la forteresse assiégée qu'est l'activité artisanale. Cette loi propose d'abolir les lois Royer (1973), Raffarin (1996) et Galland (1996) en autorisant la libre implantation des grandes surfaces. « Les commerces de proximité ont déjà assez de difficultés à lutter contre les grandes surfaces qui implantent des magasins de 300 m^2 dans les centres-villes pour contourner la loi et nous concurrencer directement, regrette Christian Le Lann. Je ne crois pas que la grande distribution ait besoin d'un nouveau coup de pouce. Ce sont les petits commerces de proximité qu'il faut aider, pas les grandes surfaces. » Et ce n'est pas la dérogation obtenue de dure lutte par les sénateurs sur les communes de moins de 20 000 habitants qui pourra rassurer le président Le Lann. « Les maires de ces petites communes rurales auront certes la possibilité de saisir les commissions départementales dès qu'un magasin dépassera les 300 m^2 et de s'opposer à l'implantation des grandes surfaces. Mais qu'en est-il des communes de plus de 20 000 habitants ? Qui les protégera, elles, de l'arrivée massive des hard discounters ? » s'interroge, inquiet, Christian Le Lann.

À Paris, comme en province, des problèmes structurels engendrés par la modification des habitudes d'achat viennent s'ajouter aux problèmes conjoncturels de flambée des prix de l'immobilier. D'après les chiffres fournis par l'Institut TNS Worldpanel, les supermarchés représentent 72 % du chiffre d'affaires réalisé sur les achats de viande, de fruits et légumes, de charcuterie, de poissonnerie, de fromages et de volaille. Le petit commerce, lui, ne pèse que 15 % des achats. Les marchés et les foires 10 %.

Les données fournies par le Centre d'information des viandes (CIV) sont également préoccupantes. D'après eux, plus des deux tiers des achats de viande se font en supermarché, 82 % d'après l'institut CSA. Le bœuf est ainsi distribué à 79,2 % en grandes et moyennes surfaces (GMS), le veau, à 70,5 % et enfin le porc à 83,7 %. Ne reste donc qu'un peu plus de 20 % des consommateurs qui se répartissent entre la boucherie traditionnelle et celle du marché. Mais à les étudier de près, leur profil n'augure rien de bon pour l'avenir. En effet, ces consommateurs fidèles à leurs bouchers semblent se recruter plutôt auprès des seniors que des juniors. D'après l'institut TNS Worldpanel : seuls 30 % des moins de 35 ans achèteraient « assez régulièrement » leur viande chez le boucher alors qu'ils seraient 36 % chez les 35-49 ans, 45 % chez les 50-64 ans et 52 %, chez les plus de 65 ans.

Mais même les seniors multiplient les infidélités à leurs commerces de proximité puisque 63 % des plus de 65 ans réalisent leurs achats en grandes surfaces...

« Il ne reste donc qu'une seule alternative aux artisans de bouche : s'adapter ou mourir », constate, lucide mais amer, Robert Gillet, charcutier de génie installé à Villebarou, près de Blois. Jusqu'en 1996, Robert Gillet était ce que l'on peut appeler un charcutier de proximité. Il avait repris la boutique de son père, qui lui-même l'avait héritée du sien. Depuis 1922, les Gillet étaient une institution de Villebarou. « Je ne comptais que sur la clientèle du bourg. Mais peu à peu ce dernier s'est transformé en banlieue dortoir de Blois. Le village a perdu son âme, et j'ai perdu ma clientèle d'habitués. Je n'avais plus assez de monde pour ouvrir tous les jours. Il a donc fallu que je me reconvertisse pour ne pas crever. » Gillet a décidé de n'ouvrir sa boutique que deux jours par semaine, le reste du temps, il a sillonné la France pour présenter ses produits dans toutes les grandes foires gastronomiques. « En une seule foire, je faisais le chiffre d'affaires de quinze jours de boutique », soupire-t-il. Autre atout de ses pérégrinations, elles lui auront permis de se faire connaître. C'est ainsi que les acheteurs d'une enseigne prestigieuse l'ont remarqué puis référencé. Aujourd'hui, ce charcutier fournit les plus grandes boutiques parisiennes et continue à faire un travail de quasi-service public en ouvrant sa boutique quelques heures par semaine dans un village qui se meurt.

Une belle victoire qui doit redonner aux plus téméraires de ces artisans de bouche le goût de se battre. Un combat nécessaire si l'on veut que leur savoir-faire perdure et que les générations futures puissent, elles aussi, profiter de leur savoir.

La lente agonie des poissonniers

Si la situation générale des artisans de bouche est difficile, celle des poissonniers est dramatique, dans les villes comme dans les campagnes.

Prenez ce petit village du Nord-Finistère, deux poissonniers y officiaient autrefois, M. Premel et Mme Tanguy. Rivaux et amis, ils n'avaient de cesse de proposer le meilleur poisson aux habitants du bourg. Pourtant, ces deux échoppes n'ont pu résister à la déferlante de la grande distribution. Qu'importe le savoir-faire du poissonnier, sa connaissance des mareyeurs et sa dextérité, les clients lui préfèrent désormais les « stands marée » du supermarché. La grande distribution écoule 60 % des produits aquatiques quand la poissonnerie et les marchés peinent à dépasser les 11 %. D'après les chiffres fournis par l'OFIMER (Office national interprofessionnel des produits de la mer et de l'aquaculture), la densité des poissonniers est dix fois plus faible que celle des bouchers. Dans près de 50 départements, elle est même inférieure à deux points de vente pour 100 000 habitants. Un constat accablant confirmé par la confédération nationale des poissonniers. « Le Centre et l'Est, à l'exception de l'Alsace et de la Haute-Savoie qui ont conservé une culture du poisson d'eau douce, sont les zones du vide de la poissonnerie », regrette Jacques Tournois, chargé de mission auprès de la Confédération des poissonniers de France.

Pourtant, la poissonnerie semblait résister vaillamment aux assauts de la grande distribution. Jusque dans les années 1980, les stands marée des supermarchés étaient presque inexistants. Philippe Paquotte, chef de division de l'observatoire économique de l'OFIMER, attribue ce retard relatif des grandes surfaces à la difficulté extrême de la commercialisation des produits aquatiques : « expertise indispensable pour l'achat des produits dans les ports de pêche et difficulté de la gestion de stocks hautement périssables ». Seulement, une fois ces connaissances acquises, la grande distribution a fait du poisson son produit d'appel. Et les conséquences pour le petit commerce ont été d'une violence extrême : le nombre de boutiques a chuté de 5 000 en 1990 à 2 500 en 2006. Aujourd'hui, on compte 4 000 poissonneries sur toute la France, boutiques et marchés confondus. Il ne reste plus que 74 magasins à Paris et 20 poissonniers de marché.

Le succès des grandes surfaces s'explique aisément : elles proposent du poisson pour 15 à 20 % moins cher qu'en poissonnerie. La question est de savoir quel poisson. Aux rayons marée des supermarchés, on ne vend pas – ou presque – de poissons français. Bars d'élevage turcs, turbots espagnols, pangas vietnamiens. L'offre de grande surface joue la carte des élevages bas de gamme et du poisson de chalut qui a déjà plus de quinze jours de vie quand il arrive sur l'étal. Le service proposé n'est pas non plus exemplaire. « Les filets vendus en grande surface sont de la préparation semi-industrielle. Ce sont des entreprises qui vont acheter 5 000 bars, pour les faire travailler en une nuit par cinq salariés », souligne Jacques Tournois. Autant dire que le résultat laisse souvent à désirer.

Bien sûr, quelques tentatives ont été faites pour opposer à la logique du prix celle de la proximité. Les poissonniers bretons entraînés par leur président, Pierre Labbé, ont suggéré aux professionnels d'adhérer à une charte des poissonniers bretons. L'idée ? Proposer que 80 % des poissons de capture proviennent de bateaux immatriculés dans les Côtes-d'Armor, le Finistère, l'Ille-et-Vilaine et le Morbihan.

« Encore faut-il les trouver, ces 80 %, dit Pierre Jessel, patron de la Confédération des poissonniers de France. Sur Rungis, il n'y a pas plus de 30 % de poissons d'origine bretonne. » Peu d'offre sur cette qualité et surtout, une offre relativement onéreuse. Gilles, poissonnier sur les marchés parisiens de Raspail, de Grenelle et de la porte de Saint-Cloud, regrette de ne pouvoir acheter que rarement cette pêche locale, trop chère à son goût ou, plutôt, à celui de ses clients. « Cette nuit à Rungis, il y avait des jeunes pêcheurs d'Oléron venus vendre leurs soles. Et même là, sans intermédiaire, ils sont plus chers : on était à 20 euros le kilo de soles contre 10 euros pour de la belge. La qualité est belle mais les gens ne peuvent plus payer ces prix-là. »

Dominique, poissonnier dans le XIVe arrondissement de Paris, ne vend que du poisson de petits bateaux. Il confesse cependant que c'est un challenge de chaque instant d'essayer de proposer des prix accessibles. « C'est d'autant plus difficile que le gouvernement joue contre nous, s'emporte Jacques Tournois qui déplore la mise en place en janvier 2008 de la taxation[1] pour renflouer les caisses des pêcheurs. C'est 2 % de plus sur la vente au détail ! Une idée inepte en période de crise du pouvoir d'achat », fulmine le chargé de mission.

C'est un fait. Le poisson est cher et sa consommation est désormais réservée à une certaine clientèle. Le portrait type de l'acheteur de produits marins dressé par l'institut TNS Worldpanel est sans ambiguïté. Les grands consommateurs sont des couples seniors sans enfants à charge. À

1. Cette écotaxe touche uniquement les poissonniers réalisant un chiffre d'affaires supérieur à 763 000 euros.

eux seuls, ils consomment deux fois plus de poisson, de coquillages et de crustacés frais que la moyenne des Français. Pendant le même temps, les familles avec des enfants scolarisés ne mangent plus que des produits « traiteurs » réfrigérés (poissons fumés, crevettes cuites, surimi...). Quant aux plus modestes, ils doivent se contenter de boîtes de conserve et de produits surgelés.

« C'est sûr que je ne pourrais pas vendre cette qualité à Belleville », avoue, penaud, Dominique. Gilles, lui, connaît la clientèle de ses marchés par cœur : ici les friqués, là les bobos, et enfin quelques rares prolos. Gilles confesse cependant avoir renoncé au marché du dimanche sur le boulevard de Grenelle. Aujourd'hui, même dans ce quartier bourgeois de Paris, les gens peinent à desserrer les cordons de la bourse.

En outre, l'offre ciblée de la grande distribution a modifié considérablement les habitudes d'achat des Français. Ces derniers préfèrent désormais acheter un bar portion d'élevage même de piètre qualité, qu'un maquereau pêché au large de nos côtes. Certaines poissonneries se sont d'ailleurs alignées sur la qualité des supermarchés et « choisissent de faire de la grosse cavalerie plutôt que de la pédagogie, regrette Dominique. Pourtant, ce n'est pas si compliqué de faire venir les mamies et les étudiants. Il suffit de leur donner envie de cuisiner du lieu noir, du merlan, de la sardine ; de leur dire que pour 10 euros, on peut avoir autre chose que du panga décongelé », s'enflamme Dominique. Une opinion partagée par l'OFIMER qui a décidé d'inciter les poissonniers à communiquer davantage sur les poissons de saison. « Il faut expliquer aux gens les notions d'arrivage, de marées, de tempêtes », souligne Dominique qui ne cesse de répéter à ses clients que « le poisson de qualité est une denrée qui se raréfie ». « Une fois renoué ce lien à la mer, il suffit de leur prouver que leur poissonnier leur offre une qualité supérieure à celle de la grande surface, insiste Gilles. Chez nous, les filets sont levés devant eux », ajoute-t-il.

Ce dernier se félicite également du regain d'intérêt des trentenaires pour le poisson entier. Même constat chez Dominique qui se réjouit de voir, chaque week-end, des jeunes couples affluer chez lui. « Ils mangent des cochonneries toute la semaine et se disent qu'ils ont bien le droit de se faire un petit plaisir le week-end. » Ce dernier s'amuse aussi de voir accourir dans son magasin les quadras angoissés : « Les anciens viandards se convertissent vers la quarantaine au poisson, riche en bonnes graisses ! »

Par contre, l'un comme l'autre sont opposés au développement du traiteur en poissonnerie. Une branche que la Confédération voudrait pourtant relancer, arguant que les mères de familles ne veulent plus cuisiner. Mais les poissonniers parviendront-ils à attirer une clientèle nouvelle avec des produits qu'ils ne fabriquent plus eux-mêmes ? Jean-Roch Gaillet, directeur de la Direction départementale des services vétérinaires de Paris, souligne en effet que la plupart des produits « traiteurs » vendus en poissonnerie sont élaborés par des maisons extérieures. C'est rassurant en termes d'hygiène puisque ces produits manufacturés ne présentent aucun risque sanitaire, mais attristant puisque cela indique une perte de savoir-faire », conclut le haut fonctionnaire.

Et si, pour une fois, on laissait parler la qualité plutôt que de chercher vainement à battre la grande distribution à son propre jeu ?

La grande distribution est-elle vraiment moins chère ?

Le gouvernement semble avoir fait le pari de la grande distribution. Jacques Attali l'a dit, Luc Chatel, secrétaire d'État chargé de l'Industrie et de la Consommation, l'a confirmé, les petits prix ne peuvent se trouver que dans les rayons bien fournis des supermarchés. Conséquence directe de cette observation aussi politique que polémique, la loi de modernisation économique abandonne les clés du marché alimentaire aux grandes surfaces, espérant de ce fait vaincre les problèmes de pouvoir d'achat. Une bien lourde responsabilité laissée à des acteurs qui n'ont pourtant pas fait preuve jusqu'à présent d'un grand civisme en matière de politique de fixation des prix. Christian Jacquiau rappelle que la France est l'un des pays ayant la plus forte concentration de grandes surfaces sur son territoire. La France compte en effet un hypermarché pour 46 000 habitants lorsqu'il y en a un pour 51 000 habitants en Allemagne et un pour 130 000 habitants en Italie ! Alors en quoi augmenter le nombre de grandes surfaces permettrait-il de faire baisser les prix ?

Plusieurs enquêtes menées avec patience et détermination par les associations de consommateurs apportent la preuve de leurs pratiques... douteuses.

Une étude publiée le 10 juillet 2008 par l'association CLCV (Consommation, logement et cadre de vie) montre que les prix sont extrêmement variables d'une enseigne à l'autre. Les enquêteurs ont constaté 38 % de différence moyenne entre les prix les plus hauts et les prix les plus bas pratiqués sur un même produit. Sur certains produits de marque, les écarts de prix peuvent aller jusqu'à 50 ou 70 % ! Les distributeurs adaptent, en effet, sans vergogne leurs prix en fonction de la demande locale. Un exemple ? En région parisienne, les plats surgelés sont vendus 12 % plus cher que dans le reste de la France, tout simplement parce que la demande y est plus forte.

Mieux. La grande distribution sait jouer avec dextérité de nos angoisses pécuniaires. En ces temps de prix élevés, chacun cherche à réaliser de menues économies en optant pour les marques des distributeurs ou pour un paquet familial ou encore pour un lot de plusieurs produits estampillé « prix choc ». Les dirigeants des grandes surfaces le savent pertinemment. Dans une récente étude, l'UFC-Que choisir prouve ainsi que les prix ont augmenté de manière ciblée sur les marques des distributeurs censées être moins chères que les autres. Quant aux packagings aguicheurs jouant sur l'effet volume, ils ne seraient, d'après l'association, que de sombres attrape-nigauds. Dans presque tous les cas, le lot est une escroquerie puisque le produit vendu à l'unité coûte 10 % de moins que lorsqu'il est présenté par lot. Bref, des petits gâteaux apéritifs en passant par les flageolets, les filets de maquereau, les chips ou les merguez, mieux vaut acheter un paquet normal que de se ruer sur les fausses promotions. Des pratiques contre lesquelles la DGCCRF n'a pas les moyens juridiques de lutter puisque les slogans tapageurs tels que « prix choc » ou « format familial » ne sont pas encadrés par la loi…

Alors, avant de vous laisser tenter par des paquets géants, regardez bien les étiquettes. Et gardez en mémoire que la grande distribution n'a rien d'une œuvre de charité.

Quand les coopératives se prennent pour des industriels

Inscription dans le terroir, agriculteur entrepreneur et décideur : à écouter l'association Coop de France, les coopératives apporteraient à une paysannerie solidaire la solution miracle pour faire face à l'ultralibéralisme économique. Les ambitions premières de la coopération étaient, de fait, parfaitement louables. Lassés de se voir imposer des prix par les acheteurs de la grande distribution et les industriels trop gourmands, les agriculteurs ont décidé de se regrouper voilà une cinquantaine d'années, pour peser plus lourd dans la balance. Leur volonté ? Contrôler leurs productions depuis la graine jusqu'à la commercialisation du produit fini. Quelques décennies plus tard, l'objectif est sans aucun doute atteint mais l'image d'Épinal du petit producteur ancré dans son terroir a été mise à mal. Aujourd'hui, les coopératives agricoles ressemblent étrangement aux grands groupes alimentaires contre lesquels elles se sont d'abord élevées. Ainsi, en 2004, les trois quarts du chiffre d'affaires des coopératives – soit 77 milliards d'euros ; 80 milliards en 2007 – ont été réalisés par les 10 % de coopératives les plus importantes. Plus de 30 entreprises affichent un chiffre d'affaires supérieur à 300 millions d'euros. Quant à la rengaine sur le capitalisme agricole et solidaire, elle ne tient pas la route. De fait, ce sont les quelque 1 500 filiales ou entreprises privées attachées aux coopératives agricoles qui réalisent plus de 40 % du chiffre d'affaires du secteur. Autant dire que fusions et acquisitions font aujourd'hui partie intégrante du vocabulaire des coopératives dont les pratiques ressemblent désormais de plus en plus à celles de l'industrie. Mais à vouloir se faire plus grosses que le bœuf, ces grenouilles jouent un jeu dangereux pour les agriculteurs. En effet, par le biais de leurs filiales, elles sont désormais présentes en Chine, en Ukraine, en Russie, au Brésil, construisant des usines et implantant des élevages. On est ainsi arrivé au paradoxe de faire financer par les agriculteurs français ou européens leurs concurrents étrangers.

Comme le constate un rien dépité Charles Perraud, ancien directeur de la coopérative du sel de Guérande : « À terme, on va transformer l'agriculteur en rentier. Il ne produira plus rien en France mais vivra des dividendes de ce que lui rapportent les filiales implantées à l'étranger ! » D'ailleurs, certaines coopératives ont déjà sauté le pas de la cotation en bourse. Quant à la fuite à l'étranger, elle risque de s'accélérer notamment du fait de l'adoption du statut coopératif européen ; ce dernier permet la délocalisation des sièges sociaux.

Côté produits, les coopératives se sont alignées sur les industriels en proposant des marques plus ou moins aseptisées. Crème pasteurisée et allégée, salades en sachet, viandes vendues sous cellophane sont devenues le lot commun des aliments proposés par les coopératives. D'ailleurs, à l'un des derniers colloques de Coop de France, un consultant en marketing affirmait devant une assistance médusée qu'il fallait tout miser sur la créativité du packaging et cesser d'investir dans le « moment consommation » ! (comprendre : le goût). Pour lui, la plus grande réussite de ces dernières années était un picrate australien massivement importé par les États-Unis. « Un marché que nous aurions pu conquérir si nous faisions du vin pour les vrais gens plutôt que de vouloir séduire les œnologues », assenait l'homme du marché. Une philosophie stupéfiante que l'on pourrait résumer ainsi : proposez donc du médiocre à vos clients incultes mais vendez-le-leur dans un bel emballage !

D'ailleurs, lassés par ce discours productiviste et commercial, une petite poignée d'agriculteurs irréductibles ont fui les coopératives pour faire à nouveau de la qualité. Un choix difficile quand on sait que les trois quarts des agriculteurs adhèrent au moins à une coopérative. Gérard Legruel, éleveur d'agneau en pré-salé à Créances et cultivateur de légumes anciens, l'a expérimenté à ses dépens. Sa coopérative l'incitait à « faire de la carotte à la tonne » et l'encourageait à se mécaniser toujours plus, et donc à s'endetter encore et encore. « Moi ce que j'aime, c'est le travail bien fait, lâche l'agriculteur, mi-rageur, mi-penaud. Or, tout le monde se fichait de la qualité de mes carottes. La seule chose que l'on me demandait, c'est d'en produire suffisamment. » Mais quitter la coopérative, c'est prendre un risque majeur. Sans la caution solidaire, aucune banque n'a accepté de lui prêter de l'argent. Quelques années de galère plus loin, Gérard Legruel a repris le dessus et peine désormais à répondre à la demande d'une clientèle d'inconditionnels. « Pendant ce temps-là, mes collègues restés dans la coopérative n'arrivent que difficilement à écouler leur production », souligne avec fierté Gérard Legruel. La réussite n'est pas dans la standardisation pour cet agriculteur mais dans la qualité et le respect du terroir. « Pourquoi les gens continueraient-ils à acheter nos produits si ce sont les mêmes que ceux que proposent, bien moins chers, certains pays en développement ? » s'interroge l'agriculteur.

Une position adoptée par de nombreuses petites coopératives qui refusent fermement le choix du gigantisme. André Valadier, président de Jeune Montagne, s'est ainsi arc-bouté contre la logique productiviste qui prévalait dans l'Aubrac jusque dans les années 1960. Devant la désertification du terroir et la perte des savoir-faire ancestraux, quelques éleveurs militants ont décidé de retrousser leurs manches. Ils obtiennent l'AOC pour le fromage laguiole et commencent à réhabiliter l'Aubrac contre la vache Prim'Holstein. Mission accomplie en 1982. Depuis, la coopérative ne cesse de prendre de l'essor. Ses 10 millions d'euros de chiffre d'affaires lui permettent de payer le lait de ses adhérents 30 à 40 % de plus que le prix moyen afin de maintenir les exploitations agricoles dans cette région rude. « Notre réussite prouve que c'est au produit de soumettre la production et non l'inverse », conclut fièrement André Valadier. D'ailleurs, tel le glorieux village d'Astérix, la coopérative Jeune Montagne résiste aux envahisseurs. La filiale belge d'un grand groupe a bien essayé de vendre de l'aligot deux fois moins cher que celui de la coopérative mais après plusieurs mois de dures luttes et quelques désistements temporaires, les clients sont tous rentrés au bercail.

Une victoire à la David contre Goliath que les représentants des coopératives devraient méditer. Plutôt que de pousser les agriculteurs à rivaliser dans la fadeur et l'industriel, mieux vaudrait les inciter à faire de la qualité.

6

En finir avec les idées reçues

Il en est de l'écologiquement correct comme du politiquement correct : sous couvert des meilleures intentions du monde, des bourdes effrayantes ont été commises. La pire d'entre elles est sans aucun doute l'aberration du biocarburant. Comment les États-Unis, l'Europe, la France ont-ils pu un seul instant penser qu'il serait judicieux de brûler de la nourriture pour faire rouler des voitures ? Comment le Conseil européen a-t-il pu fixer un objectif de 10 % de biocarburants en 2020 alors même qu'il était évident que ces choix politiques entraîneraient des spéculations boursières mettant à mal l'équilibre alimentaire mondial ? La Banque mondiale met d'ailleurs en accusation les agrocarburants dans la survenue de la crise alimentaire qui frappe notre planète de plein fouet. Don Mitchell, économiste et auteur d'une étude commanditée par la même institution et rendue publique par le *Guardian*, estime que les biocarburants ont contribué à hauteur de 75 % à la hausse des prix des produits alimentaires entre 2002 et février 2008.

« Sans l'augmentation des volumes de biocarburants, les stocks mondiaux de blé et de maïs n'auraient jamais chuté aussi sensiblement et la hausse des prix due à d'autres facteurs aurait été modérée », affirme Don Mitchell, réfutant ainsi les thèses des États-Unis (premier producteur mondial d'agrocarburants) qui estiment que les agrocarburants n'auraient engendré qu'une hausse de 3 % des prix des denrées alimentaires. L'étude de Don Mitchell préconise évidemment une diminution de la production de biocarburants afin d'endiguer la crise alimentaire.

La conversion des agriculteurs au biocarburant a, non seulement, entraîné la flambée des prix des matières premières végétales mais a, en outre, déséquilibré de nombreuses filières agricoles. Sait-on, par exemple, que les agriculteurs allemands ont renoncé massivement à l'élevage bovin pour faire du biocarburant et que cette reconversion a entraîné une pénurie de lait, engendrant une augmentation massive des prix ?

De nombreuses organisations internationales, inquiètes, ont bienheureusement dénoncé publiquement cette folie consistant à privilégier une essence faussement propre à l'alimentation humaine.

Ils ont été entendus et, désormais, la recherche de biocarburants de seconde génération réalisés notamment à partir d'algues ou de déchets forestiers gagne du terrain. Mais que de temps perdu et combien de familles affamées à cause d'une lubie soi-disant écologiquement correcte ?

Si cette ineptie est aujourd'hui connue, dénoncée, combattue, ce n'est pas le cas d'autres problèmes qui, si on n'y prête pas attention, pourraient se révéler, eux aussi, explosifs.

Être contre la pisciculture

L'une des autres postures de l'écologiquement correct est d'être résolument opposé à la pisciculture. Or, cette dernière, même si elle pose d'infinis problèmes environnementaux, est l'une des seules solutions envisageables pour empêcher une pêche excessive. Du moins, si cette pisciculture est réalisée en Europe dans le respect des normes de protection de l'environnement. Refuser la pisciculture en France, ce n'est pas faire reculer cette pratique mais l'abandonner aux pays en voie de développement qui, eux, ne s'embarrassent pas de questions de développement durable.

État des lieux

Au rythme où va la « surpêche », il faudra bientôt modifier les refrains des comptines pour enfants. Les petits poissons, comme les gros d'ailleurs, éprouvent de plus en plus de difficultés à nager dans l'eau. 100 millions de tonnes de poissons sont prélevées chaque année des océans. Phillippe Cury et Yves Miserey dressent dans *Une mer sans poissons*[1], un tableau effrayant de ces

1. Calmann-Lévy.

bateaux usines sillonnant les mers jusqu'à rendre les fonds marins désertiques. Le constat est accablant. Mais la pression de la demande est telle qu'on peine à entrevoir une issue positive à ce problème très actuel. Les prévisions de la FAO (organisation des Nations unies pour l'alimentation et l'agriculture) parient sur une consommation de 110 millions de tonnes de poissons en 2010. À titre d'exemple, on n'en consommait que 40 millions de tonnes en 1970. Or, si la demande est croissante, l'offre de pêche ne peut augmenter de façon exponentielle sans risquer de mettre à mal les réserves halieutiques. Une récente évaluation des stocks de poissons sauvages prouve que sur les 600 groupes d'espèces surveillées par la FAO, 52 % sont pleinement exploitées, 25 % sont soit surexploitées (17 %), soit épuisées (7 %) soit en voie de reconstitution (1 %). L'association de défense environnementale WWF va même jusqu'à avancer que 75 % des ressources marines sont en passe d'être surexploitées.

Comment résoudre cette impossible équation d'une demande en constante progression dans un contexte où les réserves marines sont déjà altérées ? L'avenir de la mer passerait-il par le développement de l'élevage comme le préconise la FAO qui réclame le doublement de l'aquaculture mondiale d'ici à 2030 ? Pas si sûr. La pisciculture pose un problème crucial : celui de la nourriture des poissons d'élevage par des poissons sauvages répondant au doux nom de poissons fourrages. « Il faut 3 à 6 kg de poissons sauvages pour faire 1 kg de poissons d'élevage », remarque Jean-Pierre Lopez, propriétaire de la prestigieuse poissonnerie du Dôme à Paris. Ce dernier regrette également que sous couvert de pêche minotière – celle dont on fait des farines de poisson –, on vide les océans, brisant ainsi la chaîne alimentaire des espèces marines. D'ailleurs, certains spécialistes s'accordent à dire que la diminution massive des stocks de cabillauds serait due en partie à la pêche minotière qui puise largement dans les ressources alimentaires de ces poissons.

Une mise en accusation que réprouve Dominique Duval, président de la Fédération française d'aquaculture et éleveur de turbots label Rouge à Noirmoutier et sur l'île de Ré. « Avant de jeter l'opprobre sur la pêche minotière, il faudrait contrôler les rejets de la pêche industrielle, tous ces poissons balancés à la mer à moitié morts parce qu'ils ne répondent pas aux critères gustatifs de notre société. Ces prises représentent 30 millions de tonnes chaque année contre 23 millions de tonnes pour la pêche minotière mondiale », s'insurge le président. Par ailleurs, ce dernier se plaît à citer les études de l'IFREMER (Institut français de recherche pour l'exploitation de la mer), mettant au jour que, dans la nature, le poisson sauvage consommerait, lui, 6 à 10 kg de poissons proies.

« Avec 1 000 kg de chinchards, on fait 240 kg de farine de poisson. Et avec ces 240 kg, on fait 800 kg d'aliments pour saumons. 800 kg qui permettront d'obtenir 615 kg de saumons, soit un peu moins de 500 kg de saumons étêtés. Si on voulait transformer 1 000 kg de chinchards en chinchards étêtés et éviscérés, on n'aurait que 400 kg de chinchards. Or, c'est quand même meilleur le saumon que le chinchard ! » s'amuse Dominique Duval.

Pourtant, les chiffres fournis par l'INRA (Institut national de recherche agronomique) demeurent angoissants. L'institut de recherche rappelle qu'il faut 5 kg de poissons dits minotiers pour faire 1 kg de farine et 20 kg pour faire un litre d'huile. Chaque année et ce depuis trente ans, on produit 6 à 7 millions de tonnes de farine et 1,2 million de tonnes d'huile de poisson.

C'est un fait. Pour que l'aquaculture devienne durable et respectueuse des ressources halieutiques, elle devra se développer en trouvant une alternative aux sinistres poissons fourrages. Il est donc primordial de songer à une substitution des farines de poisson par des farines végétales. Les études réalisées par Françoise Médale, directrice de recherche à l'INRA, prouvent qu'une substitution de l'aliment poisson par des végétaux comme le gluten de blé et de maïs est réalisable et ce à hauteur de 90 %. Une substitution qui, en outre, n'engendrerait pas de différences notables du goût. L'IFREMER de Nantes a, en effet, pratiqué des tests en aveugle avec des jurys d'experts. Ces derniers se sont révélés incapables de distinguer les poissons nourris de végétaux, de ceux nourris de farines de poisson. Réalisable, cette substitution n'est pourtant pas rentable. La conversion de nombreux agriculteurs aux biocarburants et la spéculation effrénée sur les matières premières végétales ont engendré une flambée des cours du blé, du maïs et du soja. Triste paradoxe de ces choix politiques peu orthodoxes : les farines de poisson se révèlent aujourd'hui moins onéreuses que les farines végétales.

Autre point noir mis en avant par les détracteurs de la pisciculture : la difficile cohabitation entre pêche et élevage. Les pêcheurs craignent en effet que les poissons d'élevage, en s'échappant, n'entraînent une pollution génétique des poissons sauvages. De nombreuses études dénoncent en effet l'effondrement des populations de saumons sauvages dû notamment à l'implantation de grandes fermes de pisciculture. Transmission de maladies et de parasites aux juvéniles sauvages. Fécondation des femelles sauvages par des poissons d'élevage de piètre qualité génétique engendrant des alevins ayant perdu jusqu'au sens de l'orientation. Bien entendu, les défenseurs de l'aquaculture opposent à ces recherches d'autres études contradictoires et avancent la possibilité de faire de la préservation d'espèces, voire du repeuplement grâce à l'élevage.

Enfin, les pêcheurs redoutent également une pollution de l'eau causée par les rejets des poissons d'élevage comme les déjections ou les traces d'antibiotiques. Pour ce qui est des excréments, Michel Peltier, ancien directeur de l'OFIMER, se veut rassurant. Selon lui, nous bénéficions aujourd'hui des erreurs commises par le passé. Plus question en effet de créer des sites d'élevage au fond d'un fjord. Ils sont aujourd'hui disposés à l'entrée des baies dans des zones où la mer permet suffisamment de brassage pour offrir une bonne oxygénation de l'eau. Quant aux contaminations par antibiotiques, elles sont limitées par un encadrement réglementaire strict. Les éleveurs ayant traité des poissons à taille commercialisable doivent appliquer des délais allant de dix à quarante-cinq jours avant d'obtenir l'autorisation de les vendre. Pour Hervé Pouliquen, professeur à l'école vétérinaire de Nantes et expert auprès de l'AFSSA, « la réglementation existante permet de s'assurer que la concentration en antibiotiques dans la chair du poisson est inférieure à celle qui aurait des effets sur la santé ». Par contre, le chercheur souligne que les sédiments trouvés dans les fonds marins ont tendance à porter des traces de contamination par certains antibiotiques et ce malgré la très forte dilution des antibiotiques en milieu marin. Et le professeur Pouliquen de rappeler que « de très faibles concentrations d'antibiotiques peuvent parfois induire des résistances chez certaines bactéries ».

Ces incertitudes scientifiques ont donné un sérieux coup de frein à l'aquaculture marine française. C'est d'ailleurs sur cet épineux sujet qu'Hélène Tanguy, maire du Guilvinec, a été sommée de plancher par le ministre de l'Agriculture et de la Pêche, Michel Barnier. Leader dans les années 1980, la France ne compte aujourd'hui qu'une soixantaine d'entreprises. Depuis 1997, presque aucun élevage n'a obtenu l'autorisation de s'installer sur nos 5 500 km de littoral. La pisciculture marine française peine à dépasser les 8 500 tonnes de poissons d'élevage quand ses concurrents européens ou extra-européens affichent, eux, des productions records : près de 83 000 tonnes de poissons marins pour la Grèce, 40 000 t pour l'Espagne. Or, cette même production européenne ne pèse que 2 % de la production mondiale. Cette dernière étant largement couverte par l'Asie. La Chine représente à elle seule plus de 70 % de l'élevage mondial.

C'est tout le paradoxe du consommateur français : il fait la moue devant le poisson d'élevage, ne veut pas d'élevage chez lui, mais consomme de la dorade de Turquie, du tilapia du Zimbabwe et du panga du Vietnam, sans se préoccuper des conditions sanitaires et environnementales dans lesquelles ces poissons sont produits. 4 000 tonnes de panga sont ainsi vendues chaque année en France. On retrouve ce poisson sans goût dans les rayons des supermarchés comme sur la prestigieuse carte de l'Élysée. Pourtant, une étude réalisée par la Fédération européenne d'aquaculture démontre que ces pangas contiennent dans leur chair des traces significatives d'antibiotiques. C'est le cas également des crevettes asiatiques. D'après Jean-Roch Gaillet, les élevages asiatiques utilisent encore massivement du chloramphénicol, en soin comme en prévention. Or cet antibiotique à très large spectre est rigoureusement interdit en Europe car il est susceptible de provoquer des aplasies médullaires...

L'enjeu est là. Moins cher que le poisson sauvage, plus facile d'accès, le poisson d'élevage a encore de beaux jours devant lui surtout en ces temps de prix élevés. Or, refuser que l'élevage s'implante en France, c'est accepter qu'il se multiplie dans des pays en voie de développement, ne répondant à aucun des critères écologiques fixés par l'Union européenne. Et si boycotter le poisson d'élevage français s'avérait être, à terme, un jeu de dupe coûteux pour la mer ?

Quizz des idées reçues sur la pisciculture

1. Les poissons d'élevage sont-ils nourris avec des farines animales ?

Non. La profession a choisi d'elle-même d'arrêter de donner des farines animales aux poissons d'élevage dès 1996 alors même que les interdictions légales ne datent que de 2000.

2. Les poissons d'élevage mangent-ils des protéines de sang ?

Pas en France bien qu'elles y soient autorisées. Pourquoi ? Parce que les cahiers des charges fixés par la grande distribution stipulent que le poisson n'aura ingéré aucun produit d'origine animale terrestre. Cela exclut donc les farines de sang et celles de plume. Un bon point pour la grande distribution !

3. Le poisson d'élevage a-t-il le même goût que le poisson sauvage ?

Non ! s'exclament en chœur les détracteurs de

la pisciculture. La chair du poisson d'élevage serait plus molle et le goût moins affirmé. Pourtant, dans les dégustations à l'aveugle, les plus grands spécialistes les confondent. L'une des plus fines gueules de la gastronomie française – et grand opposant au poisson d'élevage – a ainsi attribué un 10/10 au bar d'élevage label Rouge alors qu'il avait fort mal noté le bar de ligne…

4. Le poisson d'élevage contient-il plus de PCB[1] et de dioxines que le poisson sauvage ?

Non. Une étude américaine datant de 2004 avait mis en exergue une présence importante de PCB et de dioxine dans le saumon d'élevage. Mais cette recherche a été infirmée depuis par toutes les études menées au niveau européen. Ces dernières ont d'ailleurs démontré l'inverse : le poisson sauvage est plus pollué que le poisson d'élevage. Logique : les granulés utilisés sont soumis à de nombreux contrôles vétérinaires.

1. Les PCB, ou PolyChloroBiphényles, et PCT ou PolyChloroTerphényles sont des dérivés chimiques chlorés plus connus en France sous le nom de pyralènes. Depuis les années 1930, les PCB étaient utilisés dans l'industrie pour leurs qualités d'isolation électrique, de lubrification et d'ininflammabilité. On les retrouvait comme isolants dans les transformateurs électriques et les condensateurs, comme lubrifiants dans les turbines et les pompes ou comme composants d'huiles, de soudures, d'adhésifs, de peintures et de papiers autocopiants. Les PCB posent des problèmes de toxicité. C'est pourquoi, depuis vingt ans ces substances ne sont plus ni produites ni utilisées dans la fabrication d'appareils en Europe.

5. Le poisson d'élevage est-il plus gras que le poisson sauvage ?

Oui. Le poisson sauvage cherche sa nourriture, ne mange pas tous les jours à sa faim et affiche donc une sveltesse à faire pâlir d'envie son congénère d'élevage. Si la masse graisseuse d'un saumon sauvage ne dépasse pas 5 %, celle d'un saumon d'élevage atteint facilement les 15 % de lipides.

6. Le poisson d'élevage est-il moins riche en bonne graisse ?

Non. Les poissons sauvages contiennent 20 % d'acides gras insaturés contre 10 % pour le poisson d'élevage. Mais on ne mange pas des pourcentages. Et 20 % de 5 % de gras représente 1 g d'acide gras long, quand 10 % de 15 % de gras, font 1,5 g d'acide gras long...

7. Le poisson d'élevage a-t-il des poux ?

Oui. Le poisson peut avoir des parasites quand il est élevé dans des conditions où il n'a pas suffisamment d'espace. Pour éviter ces désagréments, mangez du bio. Les éleveurs bio sont tenus de respecter un cahier des charges sur les conditions de vie de l'animal.

8. Le poisson d'élevage est-il un poisson de supermarché ?

Oui. 53 % des poissons d'élevage sont écoulés chaque année en grande surface. Calibré à la portion, le poisson d'élevage ne connaît ni marées, ni tempêtes. Il est donc vendu bien moins cher que le poisson sauvage. Mais restez vigilants et attachez-vous à décrypter avec attention les étiquettes. Le panga vendu en France au rayon frais est un produit décongelé. Il est impératif de ne pas le surgeler à nouveau. Par ailleurs, certaines grandes surfaces peu scrupuleuses n'hésitent pas à afficher sur leurs étiquettes « provenance Europe ». Exigez qu'elle vous communique l'origine exacte du poisson d'élevage, les vendeurs y sont tenus légalement. La provenance est loin d'être anodine. Sachez, par exemple, que si les farines de sang sont interdites en France elles sont couramment utilisées en Espagne.

Les solutions ?
Du bon sens en action !

L'achat de proximité : du gagnant-gagnant ?

Aujourd'hui, il est de bon ton de vouer aux gémonies le commerce de proximité, trop cher, pas assez compétitif, ringard. D'ailleurs, les économistes ultralibéraux sont formels : il ne saurait exister de salut sans grande distribution. Pourtant, dans le même temps, les politiques ne cessent de nous répéter qu'il est urgent de réaliser des économies d'énergie afin de pouvoir enfin basculer dans une croissance durable. Or, les grandes surfaces, par leur fonctionnement même, ne pourront jamais répondre à cette problématique. Situées en périphérie des villes, il est nécessaire de prendre son automobile pour s'y rendre. Et si demain les grandes surfaces profitent de la loi de modernisation économique pour s'implanter davantage dans les centres-villes, elles resteront toujours fortement énergivores à cause de leur mode d'approvisionnement. Il n'existe pas – ou très peu – de ravitaillement local dans la grande distribution. Les commandes sont réalisées par de grandes centrales d'achat sises aux quatre coins du territoire. Prenons l'exemple des produits du terroir placés en tête de gondole des grandes surfaces. En quantité, le pourcentage de ces derniers par rapport aux produits siglés est quasiment nul et relève davantage de l'alibi d'authenticité que d'une réelle politique d'achat de qualité. En outre, la structure d'approvisionnement des grandes surfaces est telle qu'elle ne permet aucune possibilité d'achat sur place. En résumé, avant d'arriver dans les magasins de la périphérie de Paimpol, le fameux coco doit passer par une centrale d'achat nantaise ou rennaise. Les camions auront, dans le même temps, usé et abusé de gasoil pour faire faire d'inutiles trajets à ces denrées. De même la clémentine corse prend le bateau pour le continent avant de retrouver les rayons des supermarchés de l'Île de Beauté. C'est ainsi. La grande distribution, prétendument garante des prix bas, ne fait que proposer des solutions de Shadock à nos problèmes d'achat. Comme dans un épisode d'*Astérix le Gaulois* où le poisson pêché à une encablure des côtes partait invariablement pour Lutèce avant de revenir dans son village d'origine.

A contrario, le commerce de proximité travaille avec l'approvisionnement local et il est donc bien moins gourmand en énergie. Par ailleurs, faire travailler ces artisans, c'est aider son agriculture et fixer des emplois qualifiés dans la région. Hervé Sancho, meilleur ouvrier de France 2007 et boucher à Bagnères-de-Bigorre, met ainsi un point d'honneur à acheter ses bêtes sur pied. Il est en contact avec les groupements d'éleveurs de sa région et sélectionne lui-même ses bêtes. Bilan : des éleveurs heureux ayant trouvé un débouché pour leur production et des clients ravis de pouvoir acheter de façon éthique et durable tout en sachant avec exactitude d'où vient leur viande. À l'heure où l'on ne cesse de se lamenter sur la désertification des campagnes, il est plus que temps de prendre conscience que nos achats sont nos emplois. En outre, le meilleur moyen de s'assurer de l'origine de la viande est d'acheter en boucherie. « Savez-vous seulement que les deux tiers des agneaux vendus en grande surface proviennent de Nouvelle-Zélande ? » se plaint Christian Le Lann. D'après les chiffres du Centre d'information des viandes, 30 milliers de tonnes de viande ovine seraient importées chaque année de Nouvelle-Zélande vers la France. La libéralisation des échanges avec la Nouvelle-Zélande s'est faite en deux temps, une première fois avec l'accord ovin de 1980 permettant à la Grande-Bretagne d'importer à droits nuls des quantités importantes d'agneaux néo-zélandais congelés. Une seconde fois, en réparation politique de l'opération du *Rainbow Warrior*... Au total 270 000 tonnes de viande ovine néo-zélandaise débarquent sans droit de douane chaque année en Europe. « Chez nous, ils sont sûrs d'acheter de la viande française issue de la région », souligne Hervé Sancho.

Par ailleurs, le vieillissement inexorable de la population hexagonale devrait nous faire prendre en considération l'importance de conserver des boutiques de proximité pour des populations ayant du mal à se déplacer. Mieux vaudrait préserver les échoppes dans les villages que d'organiser, à grands renforts de subventions, des voyages en car pour se rendre au supermarché…

Enfin, il faut également prendre conscience que la qualité proposée par les artisans n'est en rien comparable à celle de la grande distribution. Prenons le cas de la boucherie. Le boucher est un spécialiste, il choisit ses carcasses et lit en elles, comme à livre ouvert. Il est ainsi capable de reconnaître le sexe et l'âge de la bête, ainsi que la nourriture qu'elle a ingurgitée. « Si son gras est jaune, c'est qu'elle a mangé trop de maïs », insiste Christian Le Lann. La grande distribution, elle, achète du prêt-à-découper. Rien de déshonorant bien sûr, mais ce n'est plus le même métier et la connaissance des bêtes n'existe plus. De nombreux bouchers regrettent aussi l'engouement de la grande distribution pour la viande issue de race laitière. Hervé Sancho dénonce la dérive d'une rentabilité à outrance des bêtes. « Le boulot des vaches laitières, c'est de donner du lait, pas de la viande. Aujourd'hui, on trouve dans les rayons des supermarchés des morceaux de viande de piètre qualité, issus de bêtes très jeunes, à qui l'on a fait pisser du lait pendant cinq ans, et que l'on n'a pas suffisamment réengraissées en pâturage. » Bref, la grande distribution recycle de la vache laitière efflanquée quand cette dernière n'est plus bonne à donner son lait. Pourtant, les prix pratiqués par la grande distribution ne sont pas si bon marché. Et, bien souvent, on omet de prendre en compte les pertes inévitables sur la viande de grande surface. « Pas de déchets sur la viande de boucherie, s'enflamme Hervé Sancho. Contrairement aux morceaux achetés en grande surface qu'il faudra retravailler, dénerver, éplucher, pour un résultat souvent médiocre. »

En outre, en boucherie, les morceaux sont tous amenés à maturité pour une meilleure tendreté de la viande. « La grande surface fonctionne en flux tendu, la viande de bœuf est vendue en deux, trois jours, ce qui explique leur recours à des attendrisseurs mécaniques. Des machines qui ne sont pas nécessaires quand la viande est convenablement travaillée », souligne Christian Le Lann.

« Quant à notre steak haché, vous savez ce qu'il y a dedans, ce qui n'est pas forcément le cas du “minerai” vendu en grande surface », s'emporte un boucher qui se félicite de réaliser sa viande hachée à partir d'un morceau maigre afin de ne pas dépasser un taux de 5 à 10 % de graisse. « C'est du sur mesure, s'enflamme Christian Le Lann. On ne vous mettra pas la même viande pour faire des boulettes que pour faire du tartare ! »

Et ce pour un différentiel de prix minime puisque la viande hachée est vendue en moyenne

8,60 euros le kilo en grande surface et 9,60 euros en boucherie.

« Les jeunes savent pertinemment qu'il faut revenir chez nous, nous ne sommes pas une espèce en voie de disparition vouée à nourrir uniquement les seniors », s'insurge Christian Le Lann. Dans ma clientèle, j'ai une petite jeune fille qui ne roule pas sur l'or. Quand elle s'est acheté un bon bifteck le mardi, je sais qu'elle doit faire attention à ses dépenses le reste de la semaine. Justement, l'artisan sait tenir les budgets serrés. Je la conseille, je lui propose des bas morceaux. On peut faire des bons petits plats avec une viande de qualité qui n'excède pas les 7 à 10 euros le kilo. Il y a plein de jeunes qui ne veulent pas tomber dans le système de la grande distribution ! » s'emporte le boucher.

Et l'exemple de la boucherie est déclinable à l'envi pour tous les métiers de bouche. Il en sera de même des produits achetés chez le poissonnier, le primeur, le fromager…

Alors, si nous mangions de bonnes choses dont nous connaissons l'origine, pour moins cher que des plats préparés ? Nos achats nous permettent de changer la donne. Il suffit de s'accorder le temps de connaître les commerçants de son quartier ou de son village et de parler avec eux. Une fois cette relation établie, ce seront vos meilleurs conseillers. Vos plus sûrs alliés contre les dérives d'une vie chère, impersonnelle et coûteuse pour votre santé comme pour l'environnement. Il est temps de prendre enfin conscience que le commerce équitable commence près de chez soi.

Retournez au fourneau, y a que ça de beau

Et si les contraintes n'étaient pas là où on les attendait ? En se libérant de la cuisine, on s'est enchaîné à la malbouffe. En se liant à elle, on a ruiné notre santé et vidé notre porte-monnaie. Le choix d'abandonner notre alimentation à l'industrie agroalimentaire a été particulièrement lourd de conséquences. Les industriels nous ont bernés en nous plongeant dans l'illusion d'une facilité mensongère. On a cru se libérer d'une contrainte, se débarrasser d'une corvée, quand on n'a fait que s'enchaîner à une nouvelle servitude. Ne plus prendre le temps de choisir ses produits, de cuisiner ses plats, ce n'est pas gagner du temps libre, c'est perdre le goût et l'histoire, c'est oublier d'où nous venons et prendre le risque de mal se nourrir.

En s'exonérant des contraintes temporelles, nous avons abandonné notre attachement à la campagne. Et ce faisant, nous avons perdu tout ou partie de notre savoir culinaire. Comment peut-on penser que dans un pays comme la France qui se fait fort de défendre les valeurs de la gastronomie, les enfants ne soient plus capables de reconnaître une asperge d'une courgette ?

Comment a-t-on pu abandonner ce savoir vital aux seuls industriels ? On a sottement attendu de ces derniers une solution miracle. Fournissez nous des aliments magiques capables de nous maintenir en bonne santé et de préserver notre ligne. Les industriels se sont exécutés, nous proposant moult billevesées hors de prix censées conserver nos corps de rêve en l'état. Las, les solutions apportées par les grands groupes s'avèrent être des mirages. Pourtant, même les agriculteurs rassemblés en coopératives semblent préférer s'aligner sur l'offre industrielle plutôt que de préserver leur spécificité. La ruralité, la qualité ont baissé les armes. Attaqués de toute part – réglementations hygiénistes, manque de rentabilité, législations européennes kafkaïennes –, les tenants du goût peinent à résister. Et d'ailleurs, pourquoi s'escrimer à proposer des produits de qualité à un public qui semble en avoir perdu l'envie ? Comment faire revenir ces ouailles égarées au bercail ?

En faisant preuve d'un peu de bon sens. Vous souhaitez économiser quelque menue monnaie ? Cessez d'acheter du tout prêt ! Demandez à votre poissonnier de vous lever des filets de merlan, passez-les juste à la poêle avec un peu de citron, c'est le plus sûr moyen de manger sainement à peu de frais. Bref retrouvez le goût en économisant des sous !

Table

Cet ouvrage a été imprimé par

CPI
Firmin Didot

Mesnil-sur-l'Estrée

pour le compte des Éditions Robert Laffont
24, avenue Marceau, 75008 Paris
en janvier 2009

Composition réalisée par PCA
44400 Rezé

Dépôt légal : janvier 2009
N° d'édition : 49236/01. - N° d'impression : 93471
Imprimé en France.